영산강 시인들

영산강 시인들

서문

강을 따라 문학도 흐릅니다
『영산강 시인들』 발간에 부쳐

　엠엔북스는 2024년 봄 『섬진강 시인들』이라는 이름으로 한 권의 특별한 사화집을 펴낸 바 있습니다. 섬진강을 따라 살아온 시인 여섯(백학기, 복효근, 장진희, 박두규, 박남준, 이원규)이 모여, 그 강의 삶과 언어를 담아낸 이 시선집은 단순한 앤솔로지 사화집이 아니라 지역성과 공동체성이 만나는 문학의 새로운 가능성을 보여준 첫걸음이었습니다.
　그리고 이제, 그 흐름은 『영산강 시인들』로 이어집니다. 이번 사화집은 그저 또 하나의 지역 시인 모임을 소개하는 데 그치지 않습니다. 우리가 주목한 것은 단순한 '지역'이 아니라, '유역(流域)'입니다. 즉, 강이 흐르는 곳, 강과 함께 살아가는 사람들, 그리고 그 땅 위에 쌓인 시대와 역사와 삶의 이야기입니다.
　우리는 문학을 오래도록 '중앙'과 '지방'으로 나누어 바라보는 습관에 익숙해져 왔습니다. 서울이 중심이고, 그 외의 지역은 주변이라는 이 낡은 구도 속에서, 많은 시인과 작가들의 목소리가 제대로 들리지 않았습니다. 하지만 문학은 어디에서든 태어날 수 있습니다. 오히려 강이 흐르고, 삶이 이어지는 그곳에서 더 깊고 생생한 언어가 태어납니다.

'유역문학'은 바로 그 점에 주목합니다. 유역은 단지 지리적 개념이 아닙니다. 강이 흘러가는 길을 따라 모인 사람들, 마을, 생명, 기억들이 모여 만든 하나의 살아 있는 문화적 공간입니다. 이곳에서 문학은 지역을 넘어서서 더 넓은 시야와 감각을 품게 됩니다.

문학평론가 임우기 선생의 '유역문예론'은 이러한 움직임에 중요한 방향을 제시해주고 있습니다. 강을 중심으로 형성된 유역의 삶과 생태, 언어와 감정을 문학적으로 엮어내는 시도는, 지금 우리 문단이 필요로 하는 새로운 상상력의 출발점이기도 합니다.

『영산강 시인들』은 그 둘째 발걸음입니다. 이 책에 참여한 시인들은 단지 영산강 근처에 사는 사람들이 아닙니다. 이 강을 따라 살아가며, 그 속에서 시를 쓰고, 함께 공감하고, 연결되는 삶을 살고 있는 시인들입니다. 그들의 시는 물소리처럼 흐르고, 흙냄새처럼 진하며, 때로는 고요하고 때로는 힘찬 물살처럼 우리 마음속을 지나갑니다.

이제 우리는 '지역문학'이라는 말로 이들을 한정 짓기보다는, '유역문학'이라는 더 넓고 깊은 개념으로 바라보려 합니다. 섬진강에서 시작된 이 흐름은 영산강을 지나, 앞으로 더 많은 유역으로 흘러갈 것입니다. 그 강줄기마다 또 다른 목소리들이 피어나고, 더 많은 이야기가 함께할 것입니다.

강은 언제나 흘러갑니다. 문학도, 시도, 마찬가지입니다. 우리가 귀 기울이면, 그 물소리 속에서 새로운 세대의 문학이 태어나고 있음을 들을 수 있을 것입니다.

2025년 10월
ABC뉴스 편집주간
백학기(시인, 영화인)

차례

서문 _ 4

고재종
강의 노래 _ 19
시간에 기대어 _ 21
달밤에 숨어 _ 23
꽃 터져 물 풀리자 _ 25
홀로된 노인 _ 27
앞강도 야위는 이 그리움 _ 29
은백양 잎새 파닥거릴 때 _ 31
미루나무 연가 _ 33
그 희고 둥근 세계 _ 35
방죽가에서 느릿느릿 _ 37

김선태

남녘 강 _ 41

봄의 오르가즘 _ 42

남녘에 눈 내린다 _ 43

보리 밥티 _ 44

조금새끼 _ 45

내 속에 파란만장 _ 46

무안 갯벌 _ 48

물방내 _ 49

조도댁 _ 50

고조곤히 서러운 마을 이름들 _ 52

차례

나종영　　푸른 자전거　_ 57

　　　　　　맑은 날　_ 59

　　　　　　영산강　_ 60

　　　　　　저 흰 꽃들　_ 63

　　　　　　가끔 흐르는 강물이고 싶을 때　_ 65

　　　　　　호남 들판을 지나며　_ 67

　　　　　　뒤란의 풍경　_ 69

　　　　　　물염의 시　_ 70

　　　　　　꽃의 여행　_ 72

　　　　　　배꽃 핀 날에　_ 74

나해철   영산강   _ 79

영산포 1   _ 82

영산포 2   _ 85

나, 영산강! 다정하게 흐르리라   _ 87

영산강에서   _ 90

추억   _ 92

달과 아이   _ 93

나달지 가오   _ 94

나주 영산포 홍어   _ 98

나주(羅州)   _ 100

차례

박관서

몽탄(夢灘)에서 _ 105

무안일로근방각설이마음정처 _ 106

다경포(多慶浦) _ 108

무안역 _ 110

고산(孤山) _ 111

가거도 산다이 _ 113

볼레로 _ 115

달맞이꽃 _ 117

광주행 _ 118

1894, 무안동학 _ 119

이지담

남도의 허리는 지금 _ 125

트라이애슬론대회 _ 126

연주자가 된 아이 _ 128

어둠의 저울 _ 130

홍수 _ 131

아이의 시간 _ 133

술 석 잔 마신 얼굴로 _ 135

금메달 _ 136

물만 보았다 _ 137

바위 _ 139

차례

최기종

목화 _ 145

명산역 _ 146

영산강 _ 148

느러지 가자 _ 150

주룡포구에서 _ 151

왕천축국 _ 153

홍어 1 _ 155

유달산 _ 157

목포사람 _ 159

강물아, 미안하다 _ 161

발문 _ 168

고재종

전남 담양 출생. 1984년 《실천문학》 신작시집으로 작품 활동. 시집 『바람부는 솔숲에 사랑은 머물고』, 『새벽 들』, 『사람의 등불』, 『날랜 사랑』, 『앞강도 야위는 이 그리움』, 『그때 휘파람새가 울었다』, 『쪽빛 문장』, 『꽃의 권력』, 『고요를 시청하다』, 『독각』과 시론집 『시를 읊자 미소 짓다』 등 다수가 있음. 신동엽문학상, 시와시학상 젊은시인상, 소월시문학상, 영랑시문학상, 송수권시문학상, 조태일문학상 등을 수상했음.

시인의 말

  젊어서는 강의 면면한 역사성에 주목했는데 요즘 나는 강 앞에서 할 말이 없다. 공자는 어느 날 강가에서 말했다. "서자여사부 불사주야(逝者如斯夫 不舍晝夜)!" 흐르는 것이 이와 같구나. 밤낮없이 흐르는구나! 라는 말이다. 이는 세월의 빠름을 탄식했다기보다 자기가 추구하는 도의 완성을 위한 면면한 노력의 보람을 얘기한 것으로 보인다. 내년 고희를 앞둔 나는 그간 무엇을 했던가? 강에게 다 물을 게 아니라는 걸 나는 안다.

강의 노래

일렁이고 반짝이는 강물의 오랜 노래 하나는
강변에 앉은 연인들의 심금을 뜯어대는 데 있네

강물 위로 은어 떼가 튀는 것하며
물오리가 다다다다 물을 차고 날아오르는 것도

스쳐 오는 강바람 한 자락 함께 진저리치는
사랑의 오래고 오랜 풍습이라네

슬픔의 긴 유적(流跡) 같은 강물이 나직나직 속삭이는 건
강변 마을에 우뚝한 느티나무의 시간들, 너머

강바닥 조약돌까지 투명하게 비춰 내는 순정파들의
맨 처음 고백 같은 것에 대하여서라네

그때 여기, 같이 앉았던 사람의 갈대숲에 대하여
크게 빛나는 눈물을 가리던 모래바람에 대하여

그리고 이제는 이따금 날아든 해오라기가

외발로 서서 길게 고개 드는 서녘 놀에 대하여, 다시

노래하고 반짝이는 강물의 오랜 전통 하나는
타는 울음을 다독이며 멀리 세월을 빚는 일이라네

시간에 기대어

강의 면목이라면 면면한 유수와 범람,
강물 따라 걷는 마음은 넘치고 또 흐르네.
보리숭어며 비오리 떼가 튀고
창졸간의 갸륵한 것들이 좋이 울어도
순간의 꽃보다는 이야기로 더 유장할 터,
금결은결 반짝이는가 했더니 금세
그리움의 파란으로 일렁이는 시간 아닌가.
한때는 한도 없이 파닥거렸던
강변 은백양 잎새와 첫사랑의 흑단머리는
바람의 갈래 갈래로 흩어지고
오늘은 강가에 퍼지는 라일락 향기,
강섶을 일구는 고라니며 노인장과 함께
또 무엇, 그 누구로 흘러드는 구름 떼라니!
구름이 깊어지면 강물도 높아져서는
서러움 밖의 그 무엇이라도 소환할 듯한 모색,
서녘 놀이 비쳐 든 갈대밭 속의 연애 너머
썩지 않고 들끓는 고독의 항성으로
내가 죽고 네가 사는, 그런 유정의
경계 같은 것들을 오늘도 추문하는 것이랴.

흐르는 강에 차마 가 닿지 못하고
사소한 마음 하나에도 수만 물비늘을 뒤채는,
지금은 결락한 꿈의 시간에 기대어
제 물소리에 귀 기울이는 강의 명색이여.

달밤에 숨어

외로운 자는 소리에 민감하다.
저 미끈한 능선 위의
쟁명한 달이 불러 강변에 서니,
강물 속의 잉어 한 마리도
쑤욱 치솟아 오르며
갈대숲 위로 은방울들 튀기는가.
난 나도 몰래 한숨 터지고,
그 갈대숲에 자던 개개비 떼는
화다닥 놀라 또 저리 튀면
풀섶의 풀끝마다에
이슬농사를 한 태산씩이나 짓던
풀여치들이 뚝, 그치고
난 나도 차마 숨죽이다간
풀여치들도 내 외진 서러움도
다시금 자지러진다. 그 소리에
또또 저 물싸린가 여뀌꽃인가
수천수만 눈뜨는 것이니
보라, 외로운 것들 서로를 이끌면
강물도 더는 못 참고 서걱서걱

온갖 보석을 체질해대곤
난 나도 무엇도 마냥 젖어선
이렇게는 못 견디는 밤,
외로운 것들 외로움을 일삼아
저마다 보름달 하나씩 껴안고
생생생생 발광(發光)하며
아, 씨알을 익히고 익히며
저마다 제 능선을 넘고 넘는가.
외로운 자는 제 무명의 빛으로
혹간은 우주의 쓸쓸함을 빛내리.

꽃 터져 물 풀리자

저 강변 마을마다 매화꽃은 터져
강물은 다시 풀리고
이 아침, 사람들은 보리밭으로 나간다

뼈가 마르는 외로움에 지친
저 참절의 먹때왈빛 얼굴들
날피리 떼 일기 시작하는 강물에 씻고
또 매화꽃을 바라본다?

보아라, 저 유장한 강물보다
더한 그리움의 속절들 있어
서러운 나라와 폐허의 마음을 딛고
꽃을 바라보는 사람들

보리 거름 주다 잠시 쉴 짬에도
거기 벌써 푸릇푸릇한
냉이 달래 지칭개를 한 움큼씩 뜯는가

저 강변 마을마다 매화꽃은 터져

강물 위로 통통통통
흰비오리 떼를 냅다 달리게도 하는
그 맑고 생생한 서러움으로

이 저녁, 집집마다에선
봄나물국이 쩔쩔 끓을 것이라면
이 봄이 저리 환해진들 또 어쩌겠느냐

홀로된 노인

저처럼 금숭어 튀어 오르며 그리는
금빛 아치의 순간을 보는
저 노인, 저리는 발 담그지 않을지라도
강물은 이미 노을에 잘 감전돼 있다.
하루 내내 잘 익은 포도주빛 노을, 그 속에
봉우리를 헹구는 병풍 친 산들은
또 검푸르러지며 능선들을 미끈히 뽑을 때
저 노인, 거친 노동의 단내 나는 숨결도
이제 강심으로 잦아드는가.
적막강산, 이렇게 흘러도 좋다지만
아직도 허기를 못 면한 소쩍새는
물살을 더욱 흔들어 놓는 지금, 저 노인의
가난도 절뚝거리며 강변을 돌아온다.
때마침 백양나무 잎새를 흔드는 바람,
이미 한번 스쳐간 인연들도
우수수거리는 소리만 있어, 그 소리만으로도
저 노인, 온몸 사무치게 물살치곤 한다.
그러니 생은 얼마나 깊고 푸르른 것인가.
어깨에 멘 삽이 몇십 개 닳도록

평생을 파보아도 그러나 회한과 뉘우침뿐,
다만 강물은 유장하고 산은 우뚝해선
강으로 오늘을 씻고 산으로 내일을 세웠느니.
적막강산, 들어서는 산집 마당에
오늘처럼 또 금빛 노루가 맑은 눈망울로
저 노인 귀가를 기다린 적도 있긴 있다.

앞강도 야위는 이 그리움

그토록 흐르고도 흐를 것이 있어서 강은
우리에게 늘 면면한 희망으로 흐르던가.
삶은 그렇게 만만하지 않다는 듯
굽이굽이 굽이치다 끊기다
다시 온몸을 세차게 뒤틀던 강은 거기
아침 햇살에 샛노란 숭어가 튀어 오르게도
했었지. 무언가 다 놓쳐버리고
문득 황황해하듯 홀로 강둑에 선 오늘,
꼭 가뭄 때문만도 아니게 강은 자꾸 야위고
저기 하상을 가득 채운 갈대숲의
갈댓잎은 시퍼렇게 치솟아 오르며
무어라 무어라고 마구 소리친다. 그러니까
우리 정녕 강길을 따라 거닐며
그 윤기 나는 머리칼 치렁치렁 날리던
날들은 기어이, 기어이는 오지 않아서
강물에 뱉은 쓴 약의 시간들은 저기 저렇게
새끼만 암죽으로 끓어서 강줄기를 막는
것인가. 우리가 강으로 흐르고
강이 우리에게로 흐르던 그 비밀한 자리에

반짝반짝 부서지던 햇살의 조각들이여,
삶은 강변 미루나무 잎새들의 파닥거림과
저 모래톱에서 씹던 단물 빠진 수수깡 사이의
이제 더는 안 들리는 물새의 노래와도 같더라.
흐르는 강물, 큰물이라도 좀 졌으면
가슴 꽉 막힌 그 무엇을 시원하게
쓸어버리며 흐를 강물이 시방 가르치는 건
소소소 갈댓잎 우는 소리 가득한 세월이거니
언뜻 스치는 바람 한 자락에도
심금 다잡을 수 없는 다잡을 수 없는 떨림이여!
오늘도 강변에 고추멍석이 널리고
작은 패랭이꽃이 흔들릴 때
그나마 실낱같은 흰 줄기를 뚫으며 흐르는
강물도 저렇게 그리움으로 야위었다는 것인가.

은백양 잎새 파닥거릴 때

강변의 은백양 숲에서
나는 사랑을 알았다
연두초록 반짝이는
그날이었다
반짝이며 물살 치는
그날이었다
내 마음의 수만 잎새 뒤설레었다
때마침 휘파람새가 울었던가
안 울었던가
능금꽃 향기일랑은 풍겨왔던가
아니었던가
한편으론 하도나 애진 마음이
강변을 걷다 말다 강물 보는데
어린어린(魚鱗魚鱗) 반짝이는
그날이었다
다 저녁때 분홍놀 피는
그날이었다
그럴수록 하염없고 말문은 막혀
은백양 우듬지만

쳐다보다가

은백양 어린채나

한가지이던 마음,

돌아서는 삼단머리 휘날릴 때에

개밥바라기보다 먼저

나는 슬픔을 알았다

미루나무 연가

저 미루나무
바람에 물살 쳐선
난 어쩌나,
앞들에선 치자꽃 향기.
저 이파리 이파리들
햇빛에 은구슬 튀겨선
난 무슨 말 하나,
뒷산에선 꾀꼬리 소리.
저 은구슬만큼 많은
속엣말 하나 못 꺼내고
저 설렘으로만
온통 설레며
난 차마 어쩌나,
강물 위엔 은어 떼 빛.
차라리 저기 저렇게
흰구름은 감아 돌고
미루나무는 제 키를
더욱 높이고 마는데,
너는 다만

긴 머리칼 날리고
나는 다만
눈부셔 고개 숙이니,
솔봉이여, 혀짤배기여
바람은 어쩌려고
햇빛은 또 어쩌려고
무장 무량한 것이냐.

그 희고 둥근 세계

나 힐끗 보았네
냇갈에서 목욕하는 여자들을

구름 낀 달밤이었지
구름 터진 사이로
언뜻, 달의 얼굴 내민 순간
물푸레나무 잎새가
얼른, 달의 얼굴 가리는 순간

나 힐끗 보았네
그 희고 둥근 여자들의
그 희고 풍성한
모든 목숨과 신출(神出)의 고향을

내 마음의 천둥 번개 쳐서는
세상 일체를 감전시키는 순간

때마침 어디 딴 세상에서인 듯한
풍덩거리는 여자들의

참을 수 없는 키득거림이여

때마침 어디 마을에선
훅, 끼치는 밤꽃 향기가
밀려왔던가 말았던가

방죽가에서 느릿느릿

　하늘의 정정한 것이 수면에 비친다. 네가 거기 흰구름으로 환하다. 산제비가 찰랑, 수면을 깨뜨린다. 너는 내 쓸쓸한 지경으로 돌아온다. 나는 이제 그렇게 너를 꿈꾸겠다. 초로(草露)를 잊은 산봉우리로 서겠다. 미루나무가 길게 수면에 눕는다. 그건 내 기다림의 길이. 그 길이가 네게 닿을지 모르겠다. 꿩꿩 장닭꿩이 수면을 뒤흔든다. 너는 내 외로운 지경으로 다시 구불거린다. 나는 이제 너를 그렇게 기다리겠다. 길은 외줄기, 비잠(飛潛) 밖으로 멀어지듯 요요하겠다. 나는 한가로이 거닌다. 방죽가를 거닌다. 거기 윤기 흐르는 까만 염소에게서 듣는다. 머리에 높은 뿔은 풀만 먹는 외골수의 단단함임을. 너는 하마 그렇게 드높겠지. 일월(日月) 너머에서도 뿔은 뿔이듯 너를 향하여 단단하겠다. 바람이 분다. 천리향 향기가 싱그럽다. 너는 그렇게 향기부터 보내오리라. 하면 거기 굼뜬 황소마저 코를 벌름거리지 않을까. 나는 이제 그렇게 아득하겠다. 그 향기 아득한 것으로 먼 곳을 보면, 삶에 대하여 무얼 더 바래 부산해질까. 물결 잔잔해져 수심(水心)이 깊어진다. 나는 네게로 자꾸 깊어진다.

김선태

1993년 광주일보 신춘문예와 《월간 현대문학》으로 등단. 시집 『햇살 택배』 등. 평론집 『진정성의 시학』 등. 산문집 『남도문학기행』 등. 영랑시문학상 등 수상. 계간 《시와사람》 편집주간. 목포대학교 국어국문·문예창작학부 명예교수.

시인의 말

  영산강은 전남 서남부의 대지를 적시며 면면히 흘러온 어머니 젖줄 같은 강이다. 나는 40년이 넘도록 이 강의 하류에 붙박혀 살고 있다. 우리 집 유리창 너머로 영산강이 액자 속 그림처럼 걸려 있다. 영산강과 함께 하루해가 뜨고 저문다. 그러다 보니 몸속에서 강물이 출렁이고 마음속으로 강물이 흘러간다. 그러나 바다와 만나지 못한 채 하구 둑에 갇혀 있는 영산강의 낯빛은 어둡다. 문명의 속병을 심하게 앓으며 죽어가고 있다. 어찌하면 푸르게 꿈틀대던 저 강의 기억을 되찾을 수 있을 것인가.

남녘 강

남녘 고향에 못 잊을 강 있네
어릴 적 첨벙 담가둔 기억들로 살아
옛사랑도 투명하게 물살짓는 거기
눈 감으면 저물 무렵 어스름 속으로
기일고 따뜻한 그림자 드리우며
일 마치고 돌아들 오는 아배랑 어매랑
그리워라 정겨운 흙투성이 얼굴들
강물에 환히 얼비쳐 흐르네

허연 달빛 눈물 글썽이며 있네
시퍼런 사랑 다독이며 있네
빼앗김 하 막막한 산 같아 말문 걸어닫으며
제 땅 못 지키고 떠난 사람들 오래도록
못 돌아오는 고향 비잉 감싸고 휘돌며
두엄 냄새 흩뿌려진 낯익은 들판과 함께
갈대 눕고 일어서는 숱한 세월 속으로
남녘 고향에 끝끝내 마르지 않을 강 흐르네

봄의 오르가즘

　나주 배꽃 흰 가슴 확 풀어헤친 봄이 아니겠나 그것들 그 요망한 것들 벌이란 벌과 나비들 모조리 불러들여 한바탕 애애한 사랑 냄새로 천지가 진동터니 으음, 내 조로의 몸과 마음 어디에도 꽃이 피는지 신음소리 절로 터져나오고

　담양 소쇄원 죽순들 발기의 팔뚝 하늘로 내지르는 봄이 아니겠나 처녀 유방처럼 반남고분도 탱탱하게 부푸는 봄이 아니겠나 해남의 황토밭들 더욱 벌겋게 달아오르고 무수하나는 다도해 섬들도 저마다 몸단장하고 뭍 가까이 올라오나니

　어디 그뿐이리 이름없는 들꽃들도 즈이들끼리 귓속말로 뭐라뭐라 속삭이며 깔깔거리고 산이란 산들도 겹겹 어깨를 포개고 어디로들 유장하게는 잦아들고 겨우내 거대한 구렁이마냥 나자빠져 있던 영산강이야 마침내 꿈틀대며 일어서는구나

　오호라, 지천으로 지천으로 물이 올라 어디를 가도 한참은 정신이 몽롱한 남도의 봄 연애사태여 하여 나도 대지 위에 벌러덩 누워 뒹굴고 싶은 아흐, 더는 참을 수 없는 봄의 오르가즘이여

남녘에 눈 내린다

남녘에 눈 내린다

언제나 어둡게 돌아누워 있는 고향

시장 모퉁이 허름한 술집

옛 친구를 만나 막걸리잔을 나누며

불쑥불쑥 솟아나는 분노도 허기도 삼켜버릴 때

내려 쌓이는 눈발을 바라보는

풍경이야 죄 없이 아름다웠다만

그것들 지붕을 덮고 길을 막고

우리들 꿈을 하얗게 지워버릴 때

아, 오래도록 춥고 어두워라 한세상

아득한 신작로길 비틀대며 집으로 가는 저녁

앞서가는 노인네의 검은 두루마기 위로

회한처럼 끝없이 끝없이

백발성성한 눈발 날린다

보리 밥티

민물과 짠물이 만나는
고향의 강 하류 모래톱에는
보리 밥알처럼 생겨 보리 밥티라고 부르는
조개들이 바글거렸지요

그걸 바구니에 가득 주워와선
된장을 풀어 국을 끓여 먹곤 했는데
거기에 꽁보리밥을 말아먹던 맛이
어찌 그리 구수하던지요

지금은 눈을 씻고 찾아봐도
흔적조차 찾을 수 없는 보리 밥티
그 시절 가난한 밥상을 채워주던 추억은
다들 어디로 가버렸을까요

조금새끼

　가난한 선원들이 모여 사는 목포 온금동에는 조금새끼라는 말이 있지요 조금 물때에 밴 새끼라는 뜻이지요 그런데 이 말이 어떻게 생겨났냐고요? 조금은 바닷물이 조금밖에 나지 않아 선원들이 출어를 포기하고 쉬는 때랍니다 모처럼 집에 돌아와 쉬면서 할 일이 무엇이 겠는지요? 그래서 조금 물때는 집집마다 애를 갖는 물때이기도 하지요 그렇게 해서 뱃속에 들어선 녀석들이 열 달 후 밖으로 나오니 다들 조금새끼가 아니고 무엇입니까? 이 한꺼번에 태어난 녀석들을 훗날 아비의 업을 이어 풍랑과 싸우다 다시 한꺼번에 바다에 묻힙니다 태어나서 죽을 때까지 함께인 셈이지요 하여, 지금도 이 언덕배기 달동네에는 생일도 함께 쇠고 제사도 함께 지내는 집이 많습니다 그런데 조금새끼 조금새끼 하고 발음하면 웃음이 나오다가도 금세 눈물이 나는 건 왜일까요? 도대체 이 꾀죄죄하고 소금기 묻은 말이 자꾸만 서럽도록 아름다워지는 건 왜일까요? 아무래도 그건 예나 지금이나 이 한마디 속에 온금동 사람들의 삶과 운명이 죄다 들어 있기 때문 아니겠는지요

내 속에 파란만장

내 속에 파란만장의 바다 있어
하루에도 몇 번씩 썰물이 지네

썰물이 지면 바다는 마음 밖으로 달아나
질펀한 폐허의 뻘밭 적나라하네 상처가
게들처럼 분주히 그 위를 기어다니네
발자국들 낙인처럼 무수하네 가만 보니
여(礖) 같은 사랑 하나도 박혀 있네
소낙비라도 올라치면 뻘밭이 제 검은 살점을
잘게 뜯어내며 오열하는 것을 보네

밀물은 만(灣)처럼 깊숙이 패인 가슴속을
철벅이며 오네 잘 삭은 위로처럼
부드럽게 뻘밭을 이불 덮네
그러나 내 속에 밤이 깊을 대로 깊어서
만조가 목까지 차올라 울렁거릴 때
별안간 무서운 해일이 일어
마음의 해안선 전체가 넘치도록 아프네

내 속에 파란만장 바다 있어
하루에도 몇 번씩 밀물이 드네

무안 갯벌

세발낙지, 짱뚱어, 칠게, 석화, 꼬막, 바지락 같은 명사들과

드넓다, 질펀하다, 거무튀튀하다, 말랑하다, 짭조름하다 같은 형용사들과

기어다니다, 뛰놀다, 헤엄치다, 도망치다, 숨바꼭질하다 같은 동사들과

뽈뽈, 팔딱팔딱, 벌벌, 스멀스멀, 숭숭, 꾸물꾸물 같은 부사들이

함께 어울려 한바탕 걸판진 말들의 잔치를 벌이는

그 잔치판에 사람들을 아낌없이 초대하는

바다 생명들의 자궁

무안 갯벌

물방내

   물비늘이 방실방실 웃는 냇갈이라고 해서 생긴 이름 물방내

   징검돌이 등교하는 아이들처럼 줄을 서서 물을 건너고 맑은 물빛이 마을의 온갖 풍광을 거울처럼 비추며 흐르는데

   조무래기들이 텀벙거리며 물장구치면 은피라미 떼들이 덩달아 폴짝폴짝 튀어 오르고 물방개도 둥글게 맴을 도는

   대낮이면 빨래하는 아낙네들 왁자한 웃음소리 달밤이면 처녀들 찰방거리며 미역 감는 소리

   첨단문명의 한복판을 가로지르며 아직도 생생하게 흘러가는 이름 물방내

조도댁

서방 따라 안 살고
물때 따라 살아왔소

여태까장 애오라지
바다만 바라보고 살아왔소

썰물 때면 갯벌에 나가
반지락 캐고 낙지도 잡지라우

밀물 때면 배 타고 나가
그물 놓아 물고기도 건져라우

워매워매, 이 징상스러운 시상
더 말해 봤자 뭐 한다요

먹을 것 다 내어주는 바다가
서방의 품보다 넉넉하고 좋소

끄득하게 차오르는 바다만 보면

기양 배가 부르고 행복하요

- 조도: 전남 진도군의 부속 섬.
- 여태까장: '지금까지'의 전남 방언.
- 반지락: '바지락'의 전남 방언.
- –라우: '–요'와 같은 뜻의 전남 방언(첨사).
- 징상스러운: '징그러운'의 전남 방언.
- 시상: '세상'의 전남 방언.
- 기양: '그냥'의 전남 방언.

고조곤히 서러운 마을 이름들

흑산, 하면 마음부터 미리 캄캄해지고 입안 가득 비린내가 풍기지만

막상 당도하여 상라봉 열두 구비 넘어 서쪽 해안을 따라가다 보면 마음은 자진 유배를 떠나온 양 고조곤히 서럽더라. 꼬막 껍데기마냥 엎어진 어촌마을들 보면 아름다워 절로 눈물 나더라

그런데, 이 꾀죄죄한 마을들이 기어이 내 발길을 막걸리 몇 순배로 가로막는 이유는 비록 지금은 한자어에 자리를 내주었으되 주민들 입가에 구수하게 살아 있는 토박이 이름들 때문

마리는 '모듸미', 비리는 '전듸미', 곤촌은 '곤듹', 심리는 '지푸미'

가파른 한다령 너머 동쪽으로 꺾어 들면 소사리는 '잔모래미', 천촌은 '여티미', 청촌은 '청재미'

또 남쪽 옴팍한 바닷가엔 정약전이 유배의 시름을 풀었던 사리는 '모래미'

'-미'란 해안선이 육지 쪽으로 움푹 파고들어 후미진 곳. 이 토박이 마을 이름들의 곤곤한 내력을 하나씩 되짚노라면 세월아 네월아 어쩔 수 없이 또 하룻밤을 묵고야 마느니

　아, 아름다운 것들은 죄다 멀리 있구나
　들킬세라 꼭꼭 숨어있구나

나종영

1981년 창작과비평사 13인 신작시집 『우리들의 그리움은』으로 작품활동 시작. 시집으로 『끝끝내 너는』(창작과비평사), 『나는 상처를 사랑했네』(실천문학사), 『물염의 노래』(문학들) 등이 있음. 〈시와 경제〉, 〈5월시〉 동인으로 활동. 광주·전남작가회의 회장, 한국작가회의 부이사장, 한국문화예술위원회 위원 역임, 현 조태일기념사업회 부이사장, 오월문예연구소 대표, 송수권시문학상 수상.

시인의 말

　내가 강을 처음 본 것은 여섯 살 무렵이었다. 강가에는 어른들이 모여 투망을 치고 동네 아주머니들과 누이들은 치마를 걷어 올리고 아기 주먹만 한 갱조개를 캤다.
　모래사장에 솥단지를 걸어놓고 모래무지 빠가사리 꺽지 등을 넣은 민물매운탕을 끓이며 이마의 땀을 훔치는 어머니의 얼굴이 발갛게 타올라 매우 행복해 보였다.
　처음 본 영산강은 신세계였고 함께 일하고 놀고 더불어 밥도 나누어 먹는 대동세상 같은 곳이었다. 어린 나는 그곳이 강이 아니라 수평선이 펼쳐 있는 바다일 것이라고 생각했다. 해거름 참이면 갱조개를 가득 담은 함지박을 머리에 이고 유채꽃 핀 강둑길을 따라 그림자를 남기고 뉘엿뉘엿 노을 속으로 사라져가던 아낙들의 실루엣은 가히 몽환적인 풍경이었다.
　나는 지금도 강을 따라 걷다가 바다에 이르고, 잠시 무욕의 섬을 바라보다 다시 강을 거슬러 올라오는 시간을 가질 수 있다는 것이 너무 행복하기도 하다. 그럴 때면 내가 강을 역류해 올라가는, 혼인색 띠를 두른 한 마리 은어가 된 느낌이 들기도 하는 것이다.
　영산강은 언제나 내 마음 심연에 고향의 강이자 어머니의 강으로 영원히 남아 있다.

푸른 자전거

자전거를 타고 싶다
자전거 짐받에 희망을 가득 싣고
맨발에 페달을 힘차게 밟으며
너에게로 가고 싶다
푸른 잎 물푸레나무 숲길을 달리면
자전거는 마디마디 푸른 자전거가 되고
붉디붉은 황톳길을 덜컹거리면
자전거는 붉은빛으로 물이 들어
들썩이는 엉덩이에 바람을 힘껏 밀어 올릴 것이다
은빛 바큇살에 햇살이 튀고
하얀 맨발이 보이지 않게 자전거를 몰고
까치고개를 넘어 너에게로 가고 싶다
세발자전거를 타고 숨차게 달렸던
이끼 낀 낮은 돌담과
키 작은 빨간 우체통이 서 있던 서내동 고샅길
다독이며 함께 살아가는 사람들이 있어
면면한 아픔도 영산강 강물 따라 씻겨가던 마을
지금은 흔적조차 없는 내 마음 고향집을 찾아
느릿느릿 너에게로 가고 싶다

푸른 모자 차양을 돌려쓰고
짐발에는 누비이불 같은 행복을 싣고
너에게로 아름다운 모습으로 가고 싶다
저물 무렵 일몰의 노을 속으로
은빛 자전거 하나 하염없이 바퀴를 굴리며 가고 있다.

맑은 날

맑은 날이면 햇살을 맞으며 빨래를 하고 싶다
흰 광목천에 달디단 바람이 일고
빨랫줄에 빨래를 툴툴 털어 널고
마당을 가로질러 오는 흰 저고리의 어머니가 보인다
뒤란 호두나무가 보이는 대청마루에
어머니 다듬이질을 하고 이불 홑청을 꿰맬 때면
어린 나는 부챗살처럼 펴진 쪽빛 이불에 누워
은빛 고래떼를 쫓는 어부를 꿈꾸곤 했다
까실한 홑청의 감촉이 몽환의 바다보다 따스했다
강물결 쟁쟁거리는 맑은 날이면
자전거 바퀴에 햇살을 싣고
징검다리를 건너 빨래터에 가고 싶다
환한 물살에 살랑살랑 빨래를 헹구는
어머니의 물빛 손목이 눈에 부시다.

영산강

가슴속에 그리움이 출렁거릴 때면
영산강에 가자
햇볕 쟁쟁한 날 강가에 나와
하얀 무명 이불 홑청을 빨아 널던
젊은 어머니가 눈에 선한
영산강에 가자

저녁이면 저 혼자 깊은 울음을 우는
삼백리 저문 강물 소리에 귀 기울여 보고
홍어 거리 어느 주막에 들어가
곰삭힌 홍어삼합 얼큰한 애탕에 탁배기 몇 잔
오래된 옛친구 불러내어
꿈을 꾸던 서른 살 청춘의 시절로 돌아가 보자
돌아가 밤이 깊어지면 별빛 아래
침묵으로 빛나는 늙은 등대도 보듬어 보자

아랫뜸샘 수수밭에 여우비가 내리고
나주평야 너른 벌판에 소슬바람이 부는 날
차창에 정갈한 오얏꽃 같은 마음 하나 새기고

영산강에 가자

흐린 날이면 은어잡이 투망을 치던

밀짚모자에 잠뱅이를 걷어 올린 아버지도 보고

갱조개 가득한 함지박을 머리에 이고

유채꽃 핀 강둑길 따라 뉘엿뉘엿

붉은 노을 속으로 사라져가던 어린 아낙과

맵시 고운 샛골나이 초동 아짐도 만나고

기사년 시월 피 토하듯 대한독립 만세 만세를 외치던

누이들의 댕기머리 흰 저고리도 기억해 내자

영산강에 가면

굵은 핏줄에 맥박이 뛰고 영산나루에 가면

시린 햇살 맑은 바람에 생기가 솟는다

영산강에 가자

사라지고 스러진 것들이 심지를 모아

희망의 등불을 켜고 도도히 흘러가는 새벽강

깊은 강물을 닮은 눈빛 선한 사람아

거기 영산강에 가서 아름다운 손님을 맞이하고
아직도 푸르른 내일의 내 모습을 들여다보자
내 마음 오래오래 머무는 그곳
오늘은 호남선 하행 느린 기차를 타고
어머니의 강 영산강에 가자.

저 흰 꽃들

갈대는 속을 다 비워 놓고 흔들린다
비어 있는 만큼 속은 슬픔으로 꽉 차서
종일 울어대도 눈물이 마르지 않아
새벽 갱물에 온 몸뚱어리가 젖어 흔들린다

억새는 속이 답답해서 흔들린다
슬픔이 흐르는 통로가 막혀 있어서
밤새워 흐느껴도, 부둥켜안을 사랑은 없고
억새는 제 이름을 부정하며 흔들린다

갈대와 억새, 이 땅의 산언덕과 갯바닥
흔하디흔한 저 흰 꽃들이
아직도 우리들 마음에 살아있는 것은
언제 어디서 묵묵히 꽃이 핀들
붉은 노을 아래 표표히 서서
생애 단 한 번도 쓰러지지 않았다는 것이다

칼바람이 목을 베는 불면의 밤에도
강물 소리를 타고

온몸으로 일어서서
어둠을 두려워하지 않았다는 것이다.

가끔 흐르는 강물이고 싶을 때

흐르는 강물이고 싶을 때가 있지
가끔은 낮고 그늘진 곳으로
내려서고 싶을 때가 있을 터이지
가슴 아래께가 서늘해지는 산그늘에 서서
붉어지는 노을을 끝없이 바라보다
그 불꽃 이글거리는 속으로
몸을 던져 버리고 싶을 때도 있을 터이지
한 점 뜬구름과 멀리 지평선이 바라다보이는
들녘에서 울음 우는 한 마리 풀벌레
시인이라면 그 울음의 이유를 알겠네
가을바람에 쑥부쟁이도 흔들리고 하얀 억새풀도 흔들리고
문득 흐르는 강물의 뒷모습이고 싶을 때가 있을 터이지
그래도 시든 마음 마른 꽃잎이 되지는 말게
아직 우리가 가야 할 길이 남아 있으므로
새벽 강가에 서서 별빛을 기다리는 아픈 영혼이 있으므로
물가에 무성히 우거지는 달개비꽃이 되게
봄이면 지천으로 피어나는 쇠별꽃이 되게
그래 그러게 무명 옷고름처럼 돌아 흐르는 강물에
눈물 한 방울 숨기고 살아온 우리 조선의 어머니

목숨줄만큼 질긴 강찔레꽃 뿌리가 되게
훠이훠이 면면이 오천 년을 흘러온 강물이 되게
이 땅 이 산하를 뜨겁게 보듬고 흐르는 강물이 되게.

호남 들판을 지나며

눈 내리는 저 들판의 이름을
누가 고이 지어냈을까?

익산, 전주, 임실, 오수, 남원
곡성, 구례구, 괴목, 순천, 덕양, 여수
땀 흘려 아름다운 사람들이 사는
비산비야의 이름들이다

벼가 고개 숙이고 익어가던 눈부신 황금들판이다
어둠이 내리면 별이 뜨고
지평선 너머 시대의 한복판을 걸어갔던
눈빛 형형한 한 사내가 떠오른다

저 마른 들판 타오르는 불길 속으로
걸어갔던 사람, 봉준이도
껍데기는 가라 외쳤던 젊은 시인도
아편을 털어 넣고 순절한 매천도
저 눈발 내리는 들판을 밟고 앞서갔으리
어둠 속 불빛 깜박이던 저 산하 뜨거운 이름들을

목 놓아 부르고 불렀으리

검정 치마 흰 저고리 댕기머리 열다섯 어린 처녀도

빼앗긴 봄 언덕에 달려가 만세 만세 만세 소리를 외쳤으리

손금처럼 핏줄처럼 굽이굽이 들판을 따라

사람들이 살아가는 땅

누가 이 고운 이름을 죽도록

다 살아냈을까?

대전, 논산, 강경, 함열, 김제, 정읍

장성, 송정, 나주, 영산포, 함평, 무안, 몽탄, 목포

그리고 광주

아! 그리운 호남 들판의 이름들이여

천년을 더불어 살아

숨결 소리조차 아름다운 사람들이여.

뒤란의 풍경

대숲 바람 소리 대청마루를 건너오고
후박나무가 수런거리는
뒤란에 가면 부추꽃 향기가 너울거렸다
부추꽃 향기는 늘 아픈 회억을 불러오고
시간이 물구나무서듯 장독대 항아리엔
어머니 흰 버선코가 거꾸로 걸려 있다
후박나무 수런거리는 바람의 소요(逍遙),
섬돌 아래 땅강아지 우는 소리에 잠이 깰 즈음이면
낮달이 자분자분 골목 어귀까지 다가와
깊고 오랜 우물에 두레박을 내렸다
오래오래 우물을 들여다 보다
어머니 쌀을 씻어 밥물이 내려앉을 때면
토란 이파리에선 또롱또롱 찬 이슬이 굴렀다
대청마루 지나 누룩냄새 퍼지는 뒤란에 가면
어둔 산 고개 넘어 쫓겨 간 한 사내가
별이 되어 그믐 강물에 떠올랐다는 소문이
돌담 밑 담쟁이 그늘에 돌돌 엉켜 있었다.

물염의 시

시인아
시를 쓰려거든
시를 그대가 쓴다고 생각하지 마시라

시는 밤하늘의 별빛과 들판의 바람 소리
강가의 돌멩이와
산 너머 구름의 말을 빌린 것이다

시인아 시를 만들지 마시라
시는 한줄기 아침 햇살, 붉은 저녁노을
시린 달빛의 언어가
어린 풀벌레와 짐승의 피울음 소리를 넘어
가까스로 오는 것이다

시는 어두워지는 숲속
날아가는 산새들이 불러주는 상흔(傷痕)의 노래
나지막한 그 숨결 그 품 안에서
살아오는 것이다

시인아
그대가 진정 시를 쓰려거든
지상의 모든 시를
새벽 눈물 메마른 소금 호수에
다 흘려버린 후

가난한 세월에도 물들지 않는
물염(勿染)의 시를 새기시라

꽃의 여행

돌아오는 꿈을 안고
길을 떠나네
무엇을 얻기 위해서가 아니라
내 몸 안에 모든 것을 비우기 위해
먼 길을 떠나네

꽃이 피는 날 눈시울 붉었던 것처럼
꽃이 지는 날 눈물이 났네
함께 울었네
멀리 있는 사랑과 함께
그리운 것들은 내 생의 뒤란에 있고
기다리는 것들은
물가 나무에 기대어 홀로 서 있네

다시 돌아오는 꿈을 위해
길을 떠나네
꽃이 피는 날 떠나간 사람
꽃이 지는 날에도 오지를 않네
내 안에 모든 것을 지우기 위해

꽃은 절정(絶頂)에서 피고
꽃은 절명(絶命)으로 지네.

배꽃 핀 날에

배꽃 핀 날에

하얀 배꽃 핀 날에 그대를 생각하네

배꽃 핀 날에 하얀 배꽃 핀 날에

그대를 추억하네

사랑은 영원하다는 그대 낮은 목소리

가슴에 남아

배꽃은 휘날리고 그대는 어디쯤 오나

영산강 강언덕 배꽃 핀 날에

하얀 배꽃 핀 날에 사랑을 찾아가네

사랑은 오래 참고 사랑은 온유하다는

그대의 푸른 목소리

가슴에 남아

배꽃은 떨어지고 달빛은 눈부신데

목사골 산언덕 배꽃 핀 날에

하얀 배꽃 핀 날에

그대 향기에 젖네.

나해철

1956년 나주시 영산포 출생. 〈5월시〉 동인. 1976년 천마문학상 시부문 수상, 1982년 동아일보 신춘문예 시 〈영산포〉 당선. 작품집으로 『엄니 옴니 어무니 말씀』, 『영원한 죄 영원한 슬픔』, 『물방울에서 신시까지』, 『무등에 올라』, 『동해일기』, 『꽃길 삼만리』, 『아름다운 손』, 『위로』 등이 있음.

시인의 말

　강(江)에서 나고 자란 시인은 실은 이미 강이다. 강이 되어 시공(時空)을 넘나들며 흐른다. 강에서 살았던 어린 시절부터 강을 그리며 사는 늙은이의 시간까지 들판과 저자거리, 하늘 가운데를 강물이 되어 흐르고 깊어진다.
　강이 되었다는 것은 대자연으로서 하늘의 소리를 듣는다는 것이다. 그리고 하늘의 소리를 외친다는 것이다. 영신강의 시인은 영산강의 말을 한다.

영산강

그적에는 강물이 땅 위를 흐르는 젓이었어라우

선인(仙人)들이 사니께
대륙과 산맥 그 먼 디에서도 산을 넘고 바다를 건너
꼭 여그를 찾아와 살았응께
골골에 나라를 세우고 지유(地乳)를 먹고 살았지라우

큰 바우마다 칠성님을 모셔놓고
영험허신 말씀 들으며 살 때 말이어라우

아이고 흰옷 하늘거림시롱
왔다갔다하는 저 뭣이
손짓하요이

항꾸네 젓먹자고이

푸른 하늘 높이 영산강을 끌어안고서잉
아망바위 건너 흰구름까정
금동신발과 불꽃금관 번쩍임시롱

잘 왔다고잉

그렁께에
도시를 오래 떠돈 몸뚱이로
나주 들판을 적신 강물에 얼굴을 폭삭 묻는디
뻘건 황토로 맹근 옹관이 되어부렀는가이
온몸이
차르랑 차르랑 소리로 가득차재잉

잘 있냐
어찌께 살았냐이
안부가 들리고이

그래잉
끝까정 가보자잉
목포 바다에 가 닿을 때까정
반남 고분같이만 있자이
마음이 다 쉬어질 때까정
흐름시롱 구비치고 어두워지자잉

말씀 우렁우렁 울리고이

몽탄 가차이
느러지에 닿응께에
영산강은 다시 땅으로 내려오지라우
바다가 가까우니께
흰옷 펄럭이는 사람들 손을 모다 잡고이
인자 쉬엄쉬엄 걸어라우

영산포 1

배가 들어
멸치젓 향내에
읍내의 바람이 다다달 때
누님은 영산포를 떠나며
울었다.

가난은 강물 곁에 누워
늘 같이 흐르고
개나리꽃처럼 여윈 누님과 나는
청무우를 먹으며
강둑에 잡풀로 넘어지곤 했지.

빈손의 설움 속에
어머니는 묻히시고
열여섯 나이로
토종개처럼 열심이던 누님은
호남선을 오르며 울었다.

강물이 되는 숨죽인 슬픔

강으로 오는 눈물의 소금기는 쌓여
강심(江深)을 높이고
황시리젓배는 곧 들지 않았다.

포구가 막히고부터
누님은 입술과 살을 팔았을까
천한 몸의 아픔, 그 부끄럽지 않은 죄가
그리운 고향, 꿈의 하행선을 막았을까
누님은 오지 않았다
잔칫날도 큰집의 제삿날도
누님 이야기를 꺼내는 사람은 없었다.

들은 비워지고
강은 바람으로 들어찰 때
갈꽃이 쓰러진 젖은 창의
얼굴이었지
십년 세월에 살며시 아버님을 뵙고
오래토록 소리 죽일 때
누님은 그냥 강물로 흐르는 것

같았지.

버려진 선창을 바라보며
누님은
남자와 살다가 그만 멀어졌다고
말했지.

갈꽃이 쓰러진 얼굴로
영산강을 걷다가 누님은
어둠에 그냥 강물이 되었지,
강물이 되어 호남선을 흐르며
파도처럼 산불처럼
흐느끼며 울었지.

영산포 2

개산 큰집의 쥐똥바퀴새는
뒷산 깊숙이에 가서 운다.
병호 형님의 닭들은
병들어 넘어지고
술취한 형님은
강물을 보러 아망바위를 오른다.
배가 들지 않는 강은
상류와 하류의 슬픔이 모여
은빛으로 한 사람 눈시울을 흐르고
노을 속의 운곡리를 적신다.
냉산(冷山)에 누운 아버님은
물결 소리로 말씀하시고
돌절벽 끝에서 형님은
잠들지 않기 위해 잡풀처럼
바람에 흔들린다.
어머님 남평아짐은 마른 밭에서
돌아오셨을까,
귀를 적시는 강물 소리에
늦은 치마품을 움켜잡으셨을까,

그늘이 내린 구진포
형님은 아버님을 만나 오래 기쁘고
먼 발치에서
어머님은 숨죽여 어둠에
엎드린다.

나, 영산강! 다정하게 흐르리라

다정하게 흐르리라
그리운 사람 기다리며
꽃 지면 꽃잎 안고
잎 지면 붉은 잎 업고
하냥 아무렇지도 않은 듯 있으리라
세월은 아름다워서
지나간 기억들이 모두 꿈같고
원컨대 슬픔의 바다로 가고 싶진 않아
흐르면서 기다리리라
아름다운 사람
눈 맑은 청년
나와 함께 기쁨의 바다를 이룩할 사람
지금은 아픈 가슴으로
거리를 떠돌며 내 이름을 부르고 있을 그 사람
언젠가 돌아와 내 얼굴 부비며
함께 흘러 황홀한 바다에 가 닿을 사람

물굽이에 펼쳐진 하얀 내 살, 그 모래밭 위에서 어린 소년이었던 너는 뒹굴며 지냈다. 어느 날은 장년의 네 아비와 그 형제들과 함께

내 살을 간지럽히며 손톱만 한 강조개들을 잡기도 했다. 나 흐르는 곁의 드넓던 들판을 너는 안마당 삼아 드나들었다. 봄이면 자운영 꽃 구렁에 누워 한잠 자고, 가을이면 푸르른 잎의 하얀 무우를 뽑아 손톱으로 돌려 까며 먹었다. 여름이면 발갛고 작은 붕알 내어 놓고 헤엄치며 물장구치며 자맥질하며 놀았다. 나는 네가 어린 소년이었을 때부터 알았다. 방물장수로 바빠서 열흘이고 보름이고 집을 비웠던 네 어미보다 더 너를 잘 알았다. 나는 그때부터 너를 품에 안았고 사랑했다. 내 곁에서도 엄마가 그리웠던 네가 작은 꼬마 염소를 기르기 시작했을 때도 너는 나 흐르는 곁 강둑 위에 하루 종일 염소를 매어 두었다. 나는 네가 풀밭에 누워 하늘을 보느라 저물 무렵이 되어버릴 때까지도 네 염소를 너 대신 돌보았다. 그즈음 며칠 무슨 비가 그렇게 많이 와 나는 쏟아지는 물을 감당할 수 없어 손을 놓을 수밖에 없었다. 그렇지만 강둑 바로 아래 네 집에서 강둑 위의 네 작은고모 집으로 피신을 와 밤새 걱정스레 나를 바라보던 너를 위해 나는 죽을힘을 써 그 물들을 바다로 내몰았다. 나는 너의 슬픔에 견디고 너의 기쁨에 잊었다. 네가 지금 어느 거리에서 우두커니 서서 갈 곳을 몰라 할 때 내 가슴 치는 물결 소리 너는 듣는다. 너를 깨우고 일으키고 다시 걷게 하기 위해 내가 부르는 슬픔의 노래를 너는 듣는다. 나는 너의 슬픔에 견디고 너의 기쁨에 잊는다.

다정하게 흐르리라

그리운 사람 언제라도 물결치는 소리 듣도록

나는 다만 흐르는 것만으로도

소년을 키워 냈다

청년이 되게 하였다

조용히 흐르면서 좀 더 맑게 흐르자고 했을 뿐

콘크리트에 갇히고 시멘트벽에 싸이고자 했을까?

다정하게 흐르리라

다만 흘러도

자세히 보라

꽃잎들, 이파리들, 아이들, 염소들, 무우들, 자운영꽃들

자맥질, 웃음소리, 강조개잡이, 황토빛 노을……

모두 모여 불 밝히고 있는 것을

오직 흐르는 것만으로도

좀 더 맑게 흐르는 것만으로도

나는 이 세상의 소중한 모든 일들을 이루어 왔다

나를 하냥 흐르게 하라

이 모습으로

그 사람 언제까지라도 여기서 기다리게………

영산강에서

가만히
노을을 바라보다가
몽유도원(夢遊桃源)이라 쓰고
고향이라고 읽는 사람들이 있다

꿈속인 양 그 시절에 살았던 모습을
다시는 찾을 수 없고 되돌아갈 수 없어
가슴안에 품고
세상을 떠도는 사람들이 있다

강은 수려할 뿐이고
산은 빼어날 뿐이라고
떠올리면 아련해져 환히 웃음 짓는
사람들 속에

지금 여기가 고향인가
이곳이 고향인가 하는 사람들이 있다
그리고 곧바로
철푸덕 주저앉는 사람들이 있다

살은 고향의 흙으로 뭉쳐졌고

피는 고향의 샘물이 솟아 흐르고

정신은 고향의 강으로 출렁거려

살아가는 것이 시나브로 고향을 향해 다시 가는데

혼은 고향의 바람으로 자유롭고

넋은 고향의 시간으로 영원을 넘나들어

어느 날

드디어 미워하는 법을 잃고

고요 속에 삼라만상이 저절로 피었다 져서

잊을 것도 기억할 것도 없어져

평생을 부리며 산 몸이

노을 밑에서 거룩해지는 사람들이 있다

석양이 개산 꼭대기에 걸린 지금

강물 위에 고향이라 쓰고 무릉도원이라 읽는

사람 그림자 하나 영산강 둑에 길게 서 있다

추억

염소를 머리에 이고
기울어져 걸어오는 여자가 있다
달포만이다
지난 보름에는
하얀 달항아리 안고 왔다
강가에 오래된 배 있어
누군가 닻을 흔들고
여자는 흰 달 속에 염소를
풀어놓는다
또다시
떠가는 여자 그림자로 강물은 붉어지고
언제 싯푸른 강둑에 나갔는가
한 아이 달항아리 가슴 앞섶에 달고
뒤뚱뒤뚱
염소 뒤 따라온다
강 너머를 바라보는 배는
귀 다 허물어졌다

달과 아이

긴 다리 위에서 한 아이 울고 있네
날 저물고
우두커니 서서

꿈결에 강 건너 엄마 있어
강둑 따라 나섰다가
들바람에 잠 깨어
강물 위에서 오도 가도 못하고
날 저물고

앞에도 없고
뒤에도 없는 사람 때문에
마냥 그 자리에서 우네

날 저물고
지쳐 울음 잦아든 아이
다리 위로 찾아온 둥근 달이
손잡고 천천히
달래며 가네

나달지 가오

나달지 가오
나달지 가오
울부짖는 소리가
깊은 밤 어둠을 찢었다

파르르르
밤별들이 얼어붙고
곤히 잠들었던 산골짜기가
으스스스
몸을 떨었다

흙구덩이에 묻히러 가면서
짐짝처럼 몸이 묶여 실린 트럭이
나서 자라 마을 이장 일을 보는
자기 동네 신작로에 들어서자
당숙은 마을 모퉁이에 대고
마지막 인사를 하였다

전남 나주군 세지면 동창교 양민 학살

136명,
전남 함평군 월야면 월악리 양민 학살
153명,
전남 나주시 봉황면 철천리 덕룡산
동박굴재 양민 학살
28명,
전남 나주시 봉황면 용전리 지동마을 양민 학살
6명,
보도연맹 희생자들, 그 위치, 그 숫자 미상

살인자들은
세지면과 월야면은
국군 제11사단 20연대 2대대 5중대
중대장 권준욱(권준혁, 권영구) 대위 일행,
봉황면은 나주경찰서 특공대원 일행,
지동면도 경찰 일행

1960년 5월 24일자 전남일보 기사에
세지면에서 살인자들은

자기들, 국군을 환영하는 부락민들을 모아

학살하였고

유부녀, 처녀를 가리지 않고 능욕하였다

거부하는 처녀를 단검으로 죽인 후

시간(屍姦)을 하였다고 보도되었다

당숙은

보도연맹에 들어 있다가

여러 사람들과 함께 흙구덩이에 묻히셨다

쉬쉬하는 수십 년 세월에

나달지 가오

나달지 가오

비명 소리만 태어나고 자란 산천에 남았다

나주 영산포 개산 바람은

나달지 가오

나달지 가오 하고 분다

나달지 가오

나달지 가오

영산강 물은 흐느끼며 흐른다

나주 영산포 홍어

나주 영산포에 가면

홍어가 제 몸으로 사람들을 껴안는다

훠이 훠이

눈앞의 잡것들아 저리 가라

홍어가 날개를 펄럭펄럭 휘젓는다

나주 영산포에 가면

홍어가 저를 묵혀 사람들을 살린다

오메 오메

목구멍에 붙은 구신들아 멀리 가라

홍어가 온몸이 뻥 뚫리게 쏘아붙인다

나주 영산포에 가면

홍어가 제 살로 사람들과 하나가 된다

좋구만 좋아

우리가 지금 한 덩어리여

홍어가 정겹고도 찰진 향기를 퍼뜨린다

나주 영산포에 가면

홍어가 사람들의 탄생과 죽음을 지킨다
허야 허야
태어남도 돌아감도 강물과 같아
홍어가 영산강이 되어 언제나 함께 흐른다

나주(羅州)

나주에 들어서면
다른 시간이 이끄는 대로 있어야 한다

100년 세월이
하나도 늙지 않은
스무 살 청년으로 웃고 있고

천년이 커다란 은행나무 두 그루에
매년 첫 가을인 것처럼 열매를 맺는

나주는
한 사람 아주 늙은 시계공이
금성산 깊은 골에 살고 있어
시간의 바퀴를 그이 마음대로 굴러가게 한다

쌓인 시간이
기와집 대들보에 누워 있고
흐르는 시간이
골목길 돌담장에도 잠시 기대고 서 있으나

대부분은 나주 사람들의 가슴안에 들어가 있다
나주 사람들의 몸속에는 시간이 담겨 출렁이는
시간 주머니가 하나씩 있다

나주의 시간은 나주 사람들 안에 있다
천년 나주읍성은 성문에 들어선 시간을
금세 오래된 금빛 시간으로 만들어
나주 사람들의 시간 주머니에서 빛나게 한다

박관서

전남 무안 거주. 1996년 《삶 사회 그리고 문학》 신인 추천. 시집 『철도원 일기』, 『기차 아래 사랑법』, 『광주의 푸가』, 산문집 『남도문학을 읽는 마음』, 시노래 음반 〈간이역 소식〉 간행.

시인의 말

　목포에서 오래 살았습니다. 지금은 승달산 자락의 산골인 무안 청계에 우거를 마련해서 나머지 시간을 살고 있습니다. 그렇습니다. 가까이서 풍기는 짠내와 멀리서 들리는 물소리를 들으며 살았습니다. 돌아보면 내 몸이지만 속을 보면 산천과 함께 살았습니다. 그 산천의 몸 줄기가 영산강이라는 생각을 합니다. 언제나 낮은 곳으로 흐르며 스며들어 함께하지만, 투명한 물빛 제 색깔만은 잃어버리지 않는, 그는 스승이자 친구였습니다. 그렇듯이 오늘도 그의 목소리로 얼굴을 씻으며, 아침의 하늘 저녁의 어둠과 함께 가만히 흘러갑니다.

몽탄(夢灘)에서

앞으로든 뒤로든 오르는 길 하나인 몽탄 오갈치 고개에 서면 보인
다

남도의 아랫도리께 이른 강물이 제 허리춤을 애써 비틀어
선명한 새벽안개로 피어오르고 있음을

귓등을 적셔오는 전설에 마음을 맡기다보면 그런 것일까, 누군가
배신을 하고 꿈속으로 제 한 몸을 숨겼던 것일까

그 대가로 몸을 가른 눈물이 하몽탄이 되고 상몽탄이 되어 오늘도
강을 사이에 두고 끊어진 나루 뱃길을 그리워하고 있는지

모를 일이다 파군다리 건너 흩어진 병사들의 노래는 어느덧
천년의 여울을 건너 돌아오지 않는 햇살로 출렁이건만

올라가든 내려가든 물안개로 길을 만든 몽탄은 지상의 나라만은
아니다

무안일로근방각설이마음정처

차가운 대문을 열고
밖으로 나간 아내가 거래를 한다

폭설이 쏟아져
쌓인 눈에 푹푹 발목이 묻히는 아침

세찬 눈발이 집안까지 치고 들어온
담장 처마 한쪽에

김칫국물을 끼얹은 밥 한 뭉텅이를
모셔두고 들어온다 가만히

돌아보면 그러하다
주고받는 동냥이 잘 이루어져야

빈속으로 차갑게 몰리는 이빨에
눈빛에 발톱까지 따뜻해진다

다시 폭설이 퍼부어도

밖에 있는 이들로 하여 편안해진다

다경포(多慶浦)

나주골 밤나무 아래에서 헤어진 이들은
검은 바다로 나가 돌아오지 않았다네

육지와 바다
그 사이에 대역죄가 있어

어린 어미의 품에서 나서
늙은 아비의 품으로 돌아갈 때까지

품으로 품을 보듬은 둥근 연리지
해와 달이 그렇듯이

아무렇지 않은 이들이 아무렇지 않게
어울려 사랑하며 살아가는

무안군 운남면 성내리
성안마을에 실은

육지에 대한 그리움도 바다를 향한
일말의 설렘도 없이

하늘 냄새를 품은 이들이 하냥 없이
이야기로 숨어 살아가고 있다네

무안역

짙푸른 어둠에 물든 밤
초당산 낮은 등허리로
구불구불 이어진 논둑길 따라
호드기 울음소리마저
둠벙 깊이 꼬리를 감춘 밤
노란색 역명등 더듬이로 켜든
산골 깊은 무안역 푸른 메모지 같은
유리창에 이마를 부비며
사랑한다 사랑한다 사랑한다
눈발처럼 몰려드는 하루살이들
치지직 치지직 제 몸을 태워
밤하늘 멀리 별빛으로 흘러가는
아픈 첫사랑의 간이역

고산(孤山)

남도땅 유배지에서 끝내 돌아가지 못하면
그가 살던 집 앞에 큰 돌 하나를 세우라고 했을까

눈빛에서 슬픔을 지운 사람들이 물결로 줄줄
흐르는 대학로 마로니에 공원 한쪽에, 그가 있다

불천하상놈 어부의 말 속으로 들어가 사시사철
몸으로 부르는 이들의 노래가 되었던, 문자들은

실은 망명을 꿈꾸었으리, 사람을 사람으로 대한다고
굵고 긴 대창을 거꾸로 세워, 꽂아서 죽이는

선연히 눈에 보이는 죽음 너머의 하늘을
인간에 이르는 나라로 믿는다며 사지를 갈라, 거리에 너는

늙은 나라가 싫었으리. 새싹은커녕 한 점
이끼도 돋지 않는 돌로 된 마음이 되어 물과 풀과

비린 생선이 엉킨 숨결과 어울려 흐르던 음률이

'고산 윤선도 생가터'라는 나라로 뿌리를 돋우고 있나

흐린 남녘을 보며 내가 돌아가지 못하거든
비자림 그늘에 푸른 비를 뿌리시라 유언하고 있나

가거도 산다이

단애의 발목으로 착착 감겨오는
독실산 아홉 골짜기 너머
향리마을 비탈진 동구에서 만났지
한쪽 가지는 말라죽은 지 오래
다른 가지는 생생이 살아 오른 연리지
소나무 하늘길로 아슬한 줄기를 따라
기나긴 돌무지 울안으로 숨은 집들
골골이 서너 뼘의 텃밭들을 내보이며
겨우 죽어 누울 자리만 한 떼기 안에서
살기 위해 서로를 가르는 담장들을 두르고
옹기종기 골육처럼 꼭 껴안고 무시로
노략하는 폭우, 태풍, 땡볕, 시월도지,
날칼 같은 북서풍을 향해 쉼 없이
슬픈 항쟁을 벌였던 흔적인가
쏟아질듯 몰려오는 저녁 어스름
슬슬 달궈 알뿌리로 캐어 말리며
칠순의 생애를 일구던 가거도 할마씨
내게 말했지 사내도 자식도 오래전에
떠나고 혼자 사니께 후박술 줄 텐께

산다이판 함 벌려보자고 저녁에 놀러오라고
놀러 갈랑께 꼭 기다리라던 산다이 약속
가거도의 너울로 몰려오곤 한다

볼레로*

여인이 있었어 순덕이라는
향토적인 이름의 여인 내 푸르른 인생
막 시작한 직장생활로 먼 지방으로 발령 받아
주말이면 꼭 두 시간 걸리는 기차
신나게 타고서 집으로 돌아와
만나던 여인 밤늦도록 목이 말라
사랑과 슬픔의 볼레로 라 라 라
라라라라 랄라라 라 기차바퀴처럼
일정하게 흐르는 리듬을 타고
자취방 집주인 몰래 눈으로 눈으로
긴 이야기 새기던 여인이 있었어
일찌감치 흔들리던 내 야윈 얼굴에
자꾸만 돋아나던 쓸쓸한 가난의 물기
손수건 같은 손길 내밀어 쓱쓱
닦아내어 어둔 하늘 창 너머로 풀어주던
여인이 있었어 산을 지나 강을 지나
사람이 가고 싶은 곳으로 기차는 간다며
새벽이면 아쉬움에 떨리는 등 떼밀어
저와 나는 어쩌면 제 길로만 굴러가는

기차와 같냐고 시간 지나면
떠나가야 한다고 정말로 정말로
정말로 떠나가 버린 지금은 잊혀진
여인이 있었어 순덕이라는
기차 같은 이름의 여인

*볼레로(Boloro): 단순한 리듬이 반복되는 프랑스 작곡가 모리스 라벨(Maurice Ravel)의 무곡(舞曲).

달맞이꽃

당신과 싸우지 않겠다

언덕을 넘어 함께 거닐던 저녁바람이
아무리 앙칼지게 불어와도

푸른 잎새 노란 어금니를 앙다물고
당신이 증오하는 당신은 되지 않겠다

당신의 그림자로 당신을 덮지 않겠다

길이 갈리면 고요히 손을 흔들며
길에 깔린 기억을 일으켜 세워

지친 당신을 감싸 보련다 멀리 있어
가득 차오른 달빛을 보며 둥실

허리를 꺾어 휘파람을 불어 보련다

광주행

너를 지우는 시간이 길다
송정리역에서 내려 막국수 한 그릇 말아먹고
다시 지하철을 타고 돌고개로 간다
몇몇 떠오르는 이들에게 연통을 넣을까 말까
핸드폰을 만지작거린 지 오래되었다
손으로 쓸리는 턱수염도 어제 같아서
깨끗이 밀고 네게로 잠행한다
하늘 아래, 날벼락도 이슬비도 휘날리는 깃발도
저항하는 몸도 슬픔도 언어도
붉은 용암으로 분출되는 것을 보았다
묵힌 분노만이 사랑이 된다 애먼
사랑 타령이 아니라 이 지상에 살아가는 동안
눈먼 살을 털고 이백여섯 개의 잠든 뼈를 들쑤셔
어둔 울타리에 갇혀 성난 울타리를 짜고 있는
너와 나를 지우며 간다 오래오래
품으로 깃드는 바람이 깊다

1894, 무안동학

흐린 진눈깨비가 그대에게로 몰립니다
슬프다, 라고 늦게까지 중얼거리다가
할 말을 숨긴 혀에 놀라
샛노란 마음의 불씨를 댕깁니다
그래요 겨우 130년이 흘렀군요 지금은
당나귀 엉덩이쯤으로 여겨지는
양반놈이 상놈의 손을 펴서
말의 편자를 갈듯이 불로 지져
짐승의 지문을 입혀 값을 매기던 야만으로
만들었던 나라가 공자의 나라로 버젓이
교과서 한쪽에 물에 젖은 빨래로
흘러내립니다 제 뱃속을 채우기 위해서는
이웃 나라 강도를 불러서라도, 인간의
목숨을 취해서라도, 조국 강토에 새겨진
동족을 팔아서라도 연명하던
오랜 잡놈의 피를 씻어내기 위해
흰 이빨로 제 살을 물어뜯으며 몰려드는
이른 저녁의 밀물로 꼭두새벽의 썰물로

개안한 뒷물을 하고 장독대에 올리던

맑은 정화수 같은 저희들의 세상을

우리 어미 아비는 진즉부터 지녔습니다

집을 잃은 각설이, 돌아다니는

동네 개한테도 밥 한 주발을 나누는

우리들의 나라를 위해 나섰던 1894년의

무안동학이란 말이 다시 빈 주먹으로

가슴으로 뜨겁게 몰립니다 죄송합니다

아직도 이루지 못한 당신들의

꿈 앞에서 형형한 눈빛 앞에서

弓弓乙乙 多多勿勿

거칠 것 없이 넓어져 환한

고막다리 건너 끝없이 몰려갑니다

* 弓弓乙乙 多多勿勿: 궁궁을을(弓弓乙乙)은 평등한 세상을 꿈꾸었던 동학군들의 부적이었고, 고구려 때 옛 땅을 회복하는 것을 다물(多勿)이라고 하였다.

* 고막다리[古幕川石橋]: 무안에서 함평으로 건너가는 돌다리로 1894년 동학농민혁명 당시 나주성을 공격하던 무안의 동학군들 수만 명이 순절한 곳이다.

이지담

전남 나주 출생. 2003년 《시와사람》 신인상으로 등단. 2010년 《서정시학》 신인상 수상. 시집으로 『고전적인 저녁』, 『자물통 속의 눈』, 『너에게 잠을 부어주다』, 『바위를 뚫고 자란 나무는 흔들려서 좋았다』 등이 있음. 2017년 세종도서 문학나눔 선정, 2019년 미래서정 문학상 수상.

시인의 말

웅덩이에서 허우적거리던 어린 꿀벌을 건져
마른 모래 위에 올려 주었다.
꿀벌은 날개의 물기를 털어내고는
뒷발을 비벼 대다가
젖은 날개를 끌고 어디론가 걸어갔다.
나의 뒷모습 같았다.
내게 말을 걸어오는 시와의 동행은
한 존재 이전의 나에게 닿으려는 날갯짓이다.
낮은 곳에서 내면의 강물이 흐르는 소리를 듣는다.
시와 동행한 오솔길이 영산강에 닿아 있다.
강의 유연함에 이르기를

남도의 허리는 지금

남도의 유연한 허리를 감싸고 도는 영산강이었다

뭉게구름 타고 모시 두루마기 휘날리며
다녀가신 뒤

포클레인이 휘젓고 지나간 나주평야
강을 따라 펼쳐진 논과 밭을 삼켜버렸다

헛기침으로 혼내시던 할아버지
누가 강의 형상을 비틀었느냐고

천둥 번개로 내리치시더니
폭우가 쏟아졌다

허리가 무너져내린다, 유년의 기억
억새들 세상으로 펄럭이는 지금

친구들 안부를 물으며 영산강은 저 혼자 외롭다

트라이애슬론대회

용을 잉태하려고 용소에서 몸을 푸는가

고집 하나로 달려온 폭포처럼
손을 흔들며 질주는 시작된다

영산강은 남도의 젖줄로 휘돌아 흐르고
마을 사람들의 목숨줄이 굽이굽이 돌아
초인의 힘을 거미줄처럼 뽑아낸다
급경사에서 고성을 지르며

골인 지점을 앞두고
앞에서 달리던
메달권 선수가 앞만 보고 달리다가
그만 길을 잘못 들었다

동메달을 목에 걸 절호의 기회를 두고
그 선수가 레이스로 돌아오길 기다려
속도를 줄이며 뒤따라가 4위 한 선수를 보며

유연한 고집이 잉태할 용은 어디서 오는가

연주자가 된 아이

수심 깊은 줄 모르고 건너다 보조개를 빠트렸다
아이는
생애에 못다 웃었던 웃음으로 연주한다

작곡자는 떠나갔어도
맑은 눈동자에 꽃비로 피어나는
내 마음속에 흐르는 영산강

밭 가는 쇠방울 소리
나락에 앉은 새 쫓는 소리
웃음을 캐며 고구마 포대가 배불러 오는 소리

뮤지컬 한 장면으로
가슴 한 켠 뿌리내리는 저 음률들

강가에 사철가 풀어놓는 어미 아비의 소리
하늘 위에서 종달새 울어주니
들판에서 뛰놀던 기억을 밟고 강아지는 강물만 쳐다본다

몇 겹의 옷 벗어도
대자연 관중들 계절이 몇 번 바뀌어도
잘 익은 복숭아 향 같은 연주

그립다!

어둠의 저울

먹물 들인 이불을 덮고 강은 별들을 새긴다

수만 년 기다린
강가 둥근 돌이 나를 받아준다

물고기들이 목욕하는 소리
적요에 금을 내고

칼로도 베일 수 없는 저 강물

흐르면서 정신을 가다듬는 영산강

엉덩이 무게를 받쳐든 돌덩이
여름밤의 무게보다 가볍다는 듯 꿈쩍도 않는다

강물은 말의 깊이를
어둠의 저울 위에 올려놓고 응시한다

돌덩이는 삶의 무게를

홍수

금천 대보와 노안 대보 사이

거대한 입을 벌려 배고픈 사자처럼 달려든 영산강

윗동네에서 내려온 집을 통째로 삼키고

겁먹은 개 돼지 닭 오리

소리도 지르지 못하고 쏜살같이

뱀도 개미집도 떠내려가는데

대보에 서서 멀뚱히 바라보아야만 하는 사람들

또 이렇게 우리는 속수무책인가

그 순간에도,

인간의 소유물인 줄 알았던 물이 힘을 합쳐

큰 바위 얼굴보다 더

근엄한 얼굴 펼쳐 보이는 영산강

아이의 시간

저물 무렵이면
영산강 얕은 물가로 나와
바위에 까만 비문을 새기는 다슬기들
잉어를 불러모으는 할아버지
강 가장자리에 그물을 쳐놓고
모스 부호 같은 말로 잉어들을 달랜다
어둠은 강물 위에 달빛으로 눕는다
어린 손을 펴서 다슬기를 긁어모으면
한 움큼이 한가득 채워지고
양푼 속 물의 리듬에 맞춰
들통 속 잉어 팔딱이는 소리에 맞춰
앞서가는 유쾌한 걸음 뒤따라가는 아이
다슬기들을 돌확에 풀어놓는다
잠을 자고 일어나면
까맣게 물 위쪽으로 올라와 가쁜 숨을 쉰다
고층을 오르내린다, 속도와의 전투로 사는
배달부의 등은 소금밭이 되고
다슬기들이 쉬었던 모래와 돌들
아이의 시간을 잃어버린 어른으로 일어나

쓸려가 쉴 곳 없는 영산강처럼
매일매일 속도와 마주해야 하는가

술 석 잔 마신 얼굴로

　바다는 순결을 벗고 있었다. 와불인 줄 알고 끌어안았는데 탁발을 떠나는 해였다.

　술 석 잔쯤 마신 얼굴로 바다는 뉘엿뉘엿 취해 떠나는 여자의 뒷덜미 잡아당겨 제 무릎에 앉힌다.

　눈빛으로 말하는 사이가 됐으니 하늘을 가리지 않아도 될 뻔뻔한 사랑 한번 해보자는 낯빛이었다.

　노을주(酒) 가슴 가득 부어주며 감춰진 남은 생을 위해 부딪칠 때 발효된 어둠을 물고 농게들이 기어나온다

　취한 수평선이 제 몸을 지우며 하늘과 바다는 이미 한몸이었다는 듯 지그시 받아들인다.

　제 것이었던 적 없는 바다를 놓아주며 여자는 그제야 자신 하나를 놓아준다, 와불 빚는 석공이 되어 지금껏 마주하지 못한 자신을 조각해내기 위해.

금메달

물을 잡아당기고 미는 선수였다
몸과 물살이 하나 되어

그가 가는 길 어디든 물은 머리카락을 풀어헤치고 따라왔다

아테네 올림픽 물살을 헤쳐 딴 금메달을 팔았다

정면으로 자신을 바라본 그
마음속에 새겨진 금메달 하나면 되었다

사람과 사람 사이에서 필요 없는 거리

먼 곳에서 몸이 굳어가는 아이에게
물살에 떠밀려오는 아이들에게
먼저 손을 내밀었다

물결에 새겨진 발자국은 흐른다
물 위를 둥둥 떠가는 붉은 배롱꽃처럼

물만 보았다

당신은 착한 사람이냐고 물었다
흐르는 물과 닮았다고 했다
당신은 나쁜 사람이냐고 물었다
흘러간 물이라고 했다

순하게 흐르다가
때로 격하게 주장하다가도
바위와 맞서지 않고 휘돌아가는
당신은

가끔 고개를 끄덕여 줘야 할 때
뒤돌아보지 않고 가만히 거울이 되는 당신

말할 수 없는 것은
강물처럼 흐르게 놓아주는 일이라는 듯

직언은 바다 끝에서 오는 배처럼
아무것도 보여주지 않고
예, 라고도 아니오, 라고도 않는다

목마를 때
한 모금 물 같은

바위

바위의 피를 물려받았다고 믿는 때가 있었다

바람이 불고 폭풍우가 왔을 때
흔들리지 않는
단단하고 말 없는 피가 중심을 잡고 있었다

바위가 짓누르는 무게를 이기지 못한 때에
세상의 아름답고 부드러운 것만 보였다

한때는 바위를 품은 비탈에 핀 꽃이 되고 싶었다

언제부턴가 깨부숴야 하는 이 단단한 생각들
비탈을 굴러 내려가
들판의 부드럽고 말랑한 흙을 그리워하다가

바위를 묶거나 반으로 가르는 나무뿌리를 보았다

바위를 뚫고 자란 나무는 흔들려서 좋았다
흔들리고 싶었던 날들을 키우는 바람

뿌리와 바위를 하나로 묶는 건 부드러운 흙이었다

최기종

1992년 교육문예창작회지에 「이 땅의 헤엄 못 치는 선생이 되어」를 발표하면서 작품 활동 시작. 시집으로 『나무 위의 여자』, 『만다라화』, 『어머니 나라』, 『나쁜 사과』, 『학교에는 고래가 산다』, 『슬픔아 놀자』, 『목포, 에말이요』, 『만나자』가 있음. 전남민예총 이사장, 목포작가회의 회장 역임, 현 민족작가연합 상임대표.

시인의 말

　목포에 거주한 지 벌써 40년이 넘었다. 직장을 따라 얼마간 살다가 고향으로 가려던 것이 이렇게 오래 목포사람이 되었다. 목포 물이 배이고 배어서 목포의 거리거리 사람사람이 나의 서정이고 서사가 되었다. 이젠 고향으로 돌아가라고 해도 가지 못한다. 살아온 세월이 너무 크기 때문이다. 남악리 오룡산 자락에다 제 집을 지었다. 앞으로는 남악 신도심이 펼쳐지고 그 너머 영산강 하구가 가로놓여 있다. 여기서는 영산강을 청호라고 부른다.

목화

네가 있어서
목원동 골목길이 환해지는구나
행복동 옛 노래도 다시 뜨는구나
목포 바다 거친 파도도 잔잔해지는구나
아리랑 고개 고개 쉬엄쉬엄 잘도 넘어가는구나
유달산도 고하도도 목포대교도 손을 맞잡았구나
흰옷 입은 사람들 꼬투리 열고 무럭무럭 피어나는구나

명산역

영산강 하류
느러지 지나서
기차가 거기
강물을 닮았나
아그덜 뜀박질보다 느리다

강 건너
동강 사람들은
보따리 올리느라 바쁘고
아배, 아짐들은 이적저적
수인사 하느라고 바쁘지만
기차는 느긋하게
시동만 걸어놓고 지다린다

역무원이 수신호를 보내도
아니라고 아직 아니라고
한참을 뜸만 들이다가
칙폭칙폭 더딘 발걸음질이다

그렇게
기차가 떠나면
철로변 그 자리에
산꽃이 피어난다

영산강

이히 네로구나 헤~
삼백리길 곰비임비 굽이치드라
드렁이 논바닥 머리 박고 달렸는지
이골저골 닿는 대로 모로 걸었는지
저기 병풍산에서 나린 물이
섞어치고 여울지며 늘어지며
담양에서 광주로 나주로 목포로 흘렀구나

소싯적엔 꼬마치들
서이너이 작당허고는
폭포수 뛰어넘어 관방제림, 국수거리 퉁당거리며
오례천도 풍영천도 광주천도 평림천도 불러내어
몸집을 키우더니 물안개도 뿜어내고
내심도 짚어져서 소리소리 고만허구나

젊어서는 의문이 나서
남평, 문평, 함평 너른 들 적시면서
꽃도 보고 새도 보고 하늘도 담으면서
영모정도 돌아보고 노위도 쓸어주고 둔벙도 맹글고

고막천 만나서 이별 바위 야기도 들어주고
손도 발도 놓아버리고는 죽산보, 동강교 지나서 몽탱이구나

이즈막에 쉬엄쉬엄 가자고
어른님, 벗님들 뉘엿뉘엿 해거름이드냐
식영정 느러지는 강물이 느리다 못해 고요허드냐
죽정천 상사바위 휘돌아 무영교 지나니 영산호구나
이골저골 물이란 물 모야서 금빛 잔치 벌이는가
망모산 굽어보며 배수갑문 내려가니 거기가 서해로구나

목포 바다 밀물이 들어서
용댕이 황포돛배들 거슬러 오르드냐
웅어, 뱅어도 붕장어도 서둘러 물질허드냐
쌀보리도 소금도 목재도 도자기도 생것들도 만선이라고
석정포 돌아서 구진포로 서창포로 월계천으로 모천으로 돌아가드냐
저기 용흥사 계곡에서 나린 물이 이히 네로구나 헤~

느러지 가자

영산강 삼백리길
가마골 용소에서 극락강 지석천 고막원 지나
나주벌판 가로질러 느러지 가자
면앙정 호가정 영모정 석관정 올려보고
식영정에서 짐을 풀고 느러지 가자
구절초 쑥부쟁이 풍딴지 물봉선이 반기고
이건 갈대 이건 억새 이건 달뿌리, 수크렁
고라니 뛰어놀고 수달이 살고 담비가 살고
붕장어도 중고기도 가시고기도 꼬리치는
느러지 가자 고운님도 어린님도 어중이떠중이도
눈물 콧물 소셋물도 신발짝 플라스틱도 가자
자갈 모래도 나뭇가지도 널판지도 도끼자루도
거기 가서 느러지 되자
거기 가서 한오백년 묵혀 지내자
강물이 길게 늘어지는 느러지
강물이 길게 놀다가는 느러지

주룡포구에서

큰비 내린 날에
광주에서 평동에서 나주, 함평에서
밀려온 쓰레기더미
플라스틱, 스티로폼, 페트병, 캔류, 신발짝, 나무토막 같은 것들
이제 더는 밀려날 데 없어서
거대한 쳇증이 되었나
버려져 떠도는 것들 모여
한풀이 시위라도 벌이고 있나
밀려날 대로 밀려나면
새로운 길 보인다던디
여그는 별 하나 뜨지 않는구나
내려갈 대로 내려가면
맘먹은 세상 닿는다던디
물새 한 마리 날지 않는구나
오만 잡동사니 이고 지고 들고 포개고
이 몸도 막다른 쳇증에 걸렸나
아픔도 슬픔도 희로도 오욕도 얽히고설킨 것도
버리고 버리는 침몰에 들었나

안개 낀 주룡포구에서

폐선 하나 가물거리고 있구나

왕천축국

당신에게 가는 길이 멀었으면 좋겠네
돌담길 버렁길 구불구불 돌고 돌아
산을 넘고 강을 끼고 허위허위 갈 것이니
물이 막아서도 발빠지는 펄밭이라도 괜찮네
영산강 느러지 지나서 나풀나풀 갈 것이니

당신에게 가는 길이 깊었으면 좋겠네
산도 깊고 내도 깊고 눈도 귀도 깊어져서
머루랑 다래랑 따고 딱주도 캐면서 갈 것이니
드렁이, 물뱀이 숨어드는 둑방길도 괜찮네
산그림자 동무하고 자맥질하면서 갈 것이니

당신에게 가는 길에 달빛 내렸으면 좋겠네
풀잎에 이슬 맺히고 풀벌레 소리 은은한 그 길에
금실, 은실 풀어내어 베를 짜며 갈 것이니
산수국, 산나리, 산딸꽃 피어나는 고개고개 넘어
먼 산 바라보고 해찰하면서 어름어름 갈 것이니

당신에게 가는 길이 세상 끝이라도 좋겠네

아무도 가지 않은 길을 따라 최초의 당신이 되어서
더딘 발자국 남기면서 금불초 뿌리면서 갈 것이니
해거름이면 금빛종자들 오종종종 따라오겠거니
해란초 피우면서 띠풀 맺으면서 싸목싸목 갈 것이니

홍어 1

잔칫집에 야가 빠지면
볼멘소리 나온당게
잔칫상이 아무리 걸어도
야가 있어야만
자리가 차고 헐 말도 생긴당게

처음에는 비리고 지려서
손사래 치던 기억도 밀침도
입에 넣고 견뎌야만
그게 화해가 되고 연애가 된당게

나이들어서는 팩 삭은 놈으로
입천장 데이고 눈물이 찔끔거려도
미뢰를 달래며 야금야금 씹어야만
오만가지 식감이 살아나서 거시기도 불끈거린당게

늙어서는 입맛이 떨어져도
잇몸이 부실허고 속이 울컥거려도
기름장에 살콤히 찍어 잡숴야만이

허기가 잽히고 신수도 훤해진당게

어떻든 야가 있어야만
겨드랑이 날개 달리고 말발이 먹힌당게
뭐니 혀도 야를 묵어야만
뭔가 묵었다고 말헌당게
살어온 지층이 '화' 하게 살아난당게

유달산

유달산은 나지막한 바위산이지만
백두대간 호남정맥 마지막 봉우리야
다도해 크고 작은 섬들 호령하면서
비바람도 막아주고 왜구도 막아주면서
목포사람들의 든든한 버팀목이었지

사시사철 꽃 피고 새 울고
즐비한 바위들이 볼 만허고
능선을 타고 정자들이 볼 만허고
둘레길 상록수림과 난대림이 볼 만허고
고하도도 삼학도도 영암벌도 볼 만허고
목포대교도 케이블카도 구시가지도 볼 만허고
낙조대에서 보는 저녁노을도 볼 만허지

그런디 유달산이 유달산인 것은
목포만의 짜디짠 눈물이 묻어나기 때문이야
삼학도의 못다 푼 사랑이 묻어나고
달동네 찢어지던 가난이 묻어나고
철거민 돌탑에서 마른버짐이 묻어나오지

항구의 뱃고동소리가 묻어나오고
노적봉 둘레둘레 강강술래가 묻어나오고
아리랑 고개고개 넘는 한숨소리가 묻어나오지

목포의 눈물이란 눈물이
유달산이었던 거야
그것들이 유달산의 바우도 되고
나무도 되고 꽃도 되고 새도 되고
달도 되고 별도 되고
그리운 사람도 되었던 거야

목포사람

목포에 가며는
홍탁에다 갈치속젓만으로도
맹헌 낯뿌닥 솔찬히 불콰혀지는디
쩐득쩐득헌 낙자발이며 멍게, 해삼, 개불꺼정 디려서는
씹을수록 개미지고 오돌토돌한 감흥이라니
오메! 얼척없당게
머시기도 거시기도 벌벌 살아나서는

거그 허름한 밥집에라도 반찬이 말이 아니당게
명란, 창란, 밴댕이, 곤쟁이, 어리굴젓에다
입천장 데이는 매생이며 매콤한 바지락이며 홍합탕이며
감태, 청태, 함초, 뽀시래기, 톳, 가사리꺼정 내놓고는
차린 것 없다고 싸게싸게 드시라고 허니
타지에서 오신 분들 눈이 화등잔만 혀지징

목포에 가며는
농어, 숭어, 광어, 우럭, 도다리가 뻐끔거리고
문저리도 놀래미도 모치도 오도리도 퍼덕거리는디
산낙자, 낙자탕탕이, 초무침, 호롱이, 연포탕이 구성지고

백성의 괴기인 민어회도 좋고 보양식인 민어백숙도 좋고 이따만 한 민어찜은 또 어떻고

꽃게무침이며 꽃게찜이며 꽃게탕이며 매콤헌 꽃게살비빔밥이며

아, 입 안이 얼얼한 아구찜이며 아구탕이며 황시리지짐이며 우럭지리탕꺼정

아심찮다 아심찮다

에말이요 목포에 가서는

푹 삭힌 홍어회가 코를 팩 쏘징

얼큰한 홍어탕에다 동태, 조고탕에다

참복, 쫄복에다 오징어물회로 속풀이허고

갈치구이, 딱돔구이, 전어, 장대구이 잘도 발라 묵으면 목포사람 다 된 거지

감태 한 점 입에 넣으면 목포 바다가 시퍼렇게 펼쳐지징

병치 한 점 깻잎에다 밥 한 술 떠서 마늘, 풋고추, 된장 찍어 쌈 싸 묵으면

그미가 징허기도 그립더만

어떡거나 뿔소라껍질 귀에 대면

파도 소리 바람 소리 멀리서 그대 숨소리까정 들리는디

강물아, 미안하다

-4대강, 강물은 흘러야한다

남산에서 북악에서 삼각산에서 나려온 물이
미안하다
청계천에서 중랑천에서 의정부에서 흘러든 물이
눈물 콧물 정안수 자리끼 소셋물 허드렛물이
삼천리 방방곡곡 물이란 물이 미안하다
너희들 모이고 모여서
유유히 흐르고 흘러서
가람이 되고
바다가 되고
언어가 되고
역사가 되어야 하는데
강물아, 이를 어쩌나

너희들, 청산이고 구릉이고 나루이고 목계이고
연어 송어 쏘가리 모래무지 뛰노는 폭포가 되어서
아우라지 뗏목이 되어서
하회마을 별신굿이 되어서
백마강 달밤에 구드레가 되어서

영산강 구비구비 느러지가 되어서
아지랑이 아롱거리는 들판을 지나서
필생의 염원, 인의예지 만나러 가야 하는데
강물아, 미안하다

길이 막히고
삶이 막히고
말문이 막히고
조선이 막혀서
허릿병 도지고
배불뚝이 되고
얼금뱅이 되고
벙어리 냉가슴 앓아서
강물아, 미안하다

바위늪구비 도리섬 파헤치고
퇴적토 오니층 중금속 드러나고
여주보 이포보 강천보 금남보 금강보 부여보
승천보 죽산보 상주보 낙단보 구미보 칠곡보

강정보 달성보 합천보 함안보가 들어서니

나라가 동강나고

고향이 동강나고

자연이 동강나고

목숨이 동강나는구나

독새기 물여귀 수련이 마름이 자라풀이 가시연꽃이 신음하는구나

쇠기러기 고니 흑두루미 논병아리 고방오리도

개개비 해오라기 물떼새 쇠백로 도요새도 떠나는구나

강의 위로가 된다고

식생의 위로가 된다고

국토의 위로가 된다고

지구의 위로가 된다고

붕어 잉어 장어 매기 빠가사리 송사리도

도롱뇽 무자치 남생이 맹꽁이 송장개구리도 울어대고

왕버들 국수나무 누리장나무 갈대 부들 창포 물봉선도 수신호를 보내는데

미안하다 강물아,

금모래빛 엄마야 누나야 어디갔나

몽돌도 자갈밭도 풀수밭도 물바위도
내고장 청포도, 징검다리도 깨북쟁이도
금빛 울음 우는 황소도 망아지도 수달이도 어디갔나
물은 흘러가야 하고
길은 이어져야 하고
생은 살아야 하고
명은 하늘의 것인데
이를 어쩌나 강물아,
살림의 위로가 된다고
죽음의 위로가 된다고
지킴의 위로가 된다고
막힘의 위로가 된다고
예수도 석가도 공자도 서낭당도 달려왔구나
삼별초도 동학도도 독립군도 민주열사도
천신도 지신도 물신도 목신도 주신도
장씨도 이씨도 할비 할미도 손자 손녀도 달려왔구나
포크레인 기중기 지게차 덤프트럭 몰아낸다고
콘크리트 바리게이트 물막이 무너뜨린다고
너희들, 꽃마차처럼 종소리처럼 흘러가게 하려고

한수에서 금강에서 낙동에서 영산에서

다살이 해방춤을 추는구나

시천주하라고 자연이게 하라고 항소하는구나

검룡소에서 뜬봉샘에서 황지에서 용소에서 발원한 물이

미안하다

월악에서 속리에서 백양에서 팔공에서 소백에서

여주에서 부여에서 대구에서 상주에서 광주에서 내려온 물이

지장수 옥정수 매우수 추로수 춘우수가 미안하다

한수(漢水) 이남 모든 물이란 물이 미안하다

너희들 모이고 모여서

유유히 흐르고 흘러서

중모리 자진모리 휘모리 세마치 진양조로

개구리밥 오리밥 까치밥 물옥잠 자라풀 생이가래가 되고

들꽃이 되고

노래가 되고

춤이 되고

자유가 되고

너희들 소원이고 등뼈이고 아픔이고 기쁨이고

기도이고 포옹이고 살림이고 인내이고 끈기이고
생명이고 구휼이고 정신이고 섭리이고 윤회이고
억조창생 너른 바다가 되어야 하는데
강물아, 미안하다

발문

영산강이 만든 물빛과 말빛의 노래

박관서(전 한국작가회의 사무총장)

　영산강은 단순히 흐르는 물길이나 지도가 아니라 이에 기대거나 섞여서 살아온 우리들의 삶이자 실존의 뼈대이다. 물이 흐르는 방향을 따라 원근으로 살 곳이나 마을이 놓이고, 생의 지향점과 내용, 그리고 시간과 빛깔이 정해지고, 이에 따라 이에 삼투하는 언어나 기억이 결정되고 달라져왔다.

　일찍이 임우기 문학평론가는 『유역문예론』에서 이 단순하면서도 강력한 생태적 현실에서 출발하여 문학을 도시나 행정에 따른 경계가 아닌 '유역(流域)' 곧 강(江)의 물길이 조직한 생활권으로 읽자는 제안을 하였다. 강물의 흐름과 합류, 퇴적과 하구의 변화야말로 문학과 예술의 텍스트를 움직이는 보이지 않는 동력이라는 통찰이었다.

　전남 담양의 가마골 용소에서 발원한 영산강은 장성의 황룡강을 만나 본격적인 강(江)의 품새를 갖춘 후에, 광주 무등산에서 흘러내려온 광주천의 큰물과 합류하여 도도한 몸집을 불려서 흐르다가 이내 나주 인근에서 고막원천 및 봉황천과 합수하여 옛말로 용진강 또는 금강이라고 부르던 영산강을 이룬다.

영산강의 길이래야 129.5km로 4대강은 물론 금강(407.5km), 섬진강(212.3km)보다 짧아서 같은 4대강에 속하는 낙동강(510km)의 5분의 1 정도의 길이일 뿐이다. 하지만 이는 단순한 본류의 길이만을 계산한 것일 뿐, 여기저기 곳곳에서 수없이 휩쓸려 드는 샛강과 지류들을 합하면 인간의 내장처럼 가장 길고 가장 내밀한 강(江)일 것이다. 그렇듯이 영산강은 다양한 샛강, 지류들과 만나며 풍부한 수계를 형성하고 있다. 이 강(江)들은 단순한 물길을 넘어 주변 생태계와 문화를 형성하는 중요한 역할을 해 왔다.

> 누정 이름을 '그리워할 모(慕)자'로서 짓고
> 금강의 누대에서 깨끗이 씻네.
> 서리 이슬은 천 년의 세월을 느끼게 하는데
> 안개 바람은 강물 위를 빙빙 도네.
> 吾亭名以慕 濯錦江之臺 霜露千年感 風烟一水廻
> – 임제원(林濟遠)의 시 「영모정(永慕亭 次韻)」, 부분.

1519년 기묘사화 때 태학관의 전체 유생을 대표로 나주 출신 임붕(林鵬, 1486~1553)이 소두(疏頭)가 되어 대궐 앞에서 조광조(趙光祖)의 억울

함을 하소연하였으나 쫓겨나게 되자, 당시의 정치상황에 실망한 11인 모두가 낙향하여 '금강11인계'를 결성하여 영산강변에 '금강정(錦江亭)'을 짓고, 매양 좋은 날을 받아 금강을 선유하며 시주(詩酒)를 하였던 부친 귀래정공(歸來亭公) 임붕을 그리워하며 지은 영모정의 서판에 있는 방손 임제원(林濟遠)의 시는, 그대로 한반도 남녘의 하삼도에서 서남권을 휘감고 돌던 영산강의 인문지리적 특성을 그대로 보여준다.

'군자는 세상에 나아가서 뜻을 펼치다가, 때가 지나면 즉시 물러난다(君子待世 不入則退)'라는 귀래정의 장소인 영산강은 다만 은일하며 즐기는 장소이기보다는 '군자는 다시 나서는 데 십년을 기다려도 늦지 않다.(君子報仇 十年不晩)'라면서 자신을 수양하던 강학의 공간이기도 하였다. 이는 '그림자가 쉬어가는 정자'라는 의미를 지닌 영산강 상류인 담양의 식영정(息影亭)과 달리 '연구와 강학으로 때를 기다린다'라는 영산강 중류인 무안 몽탄의 식영정(息營亭)과 그 뜻을 달리하면서 또한 같이하는 연유일 것이다.

이렇듯이 조선 전기에 점필재 김종직(金宗直)이 나주의 아름다운 열두 곳 경치를 읊은 「십이영시(十二詠詩)」를 썼음은 물론, 현재 영산강변인 몽탄의 유택에 거하는 『표해록(漂海錄)』의 저자인 금남 최부(崔傅)가 일찍이 금성교수로 일하던 1480년(성종 11년)에 경기체가로 〈금성별곡(錦城別曲)〉을 지어서 모습을 드러낸 이후로 영산강에는 수많은 시인묵객들이 거하거나 들르면서 많은 문학작품을 양산하였다.

오늘 이처럼 영산강을 곁에 두고 살거나 이를 주제로 작품을 써온 일곱

명 시인의 목소리와 빛깔을 한자리에 모으는 이유 역시 이에서 비롯된다고 하겠다. 영산강 상류의 차갑고 맑은 물빛에서부터 나주와 영산포의 은은하면서도 묵직한 몸짓의 빛깔, 그리고 몽탄과 일로와 목포에 이르는 하구와 갯벌의 질탕한 말의 빛깔에 이르기까지 서로 다른 물소리가 겹치는 다성(多聲)의 하모니가 이루어지리라 기대된다.

하지만 영산강이 수많은 지류에서 발원한 물들이 흘러서 합수하고 퇴적하여 경계를 이루어 자신의 세계를 이루듯이, 영산강 유역을 매개로 자신의 문학을 일구는 수많은 선후배 문인들이 함께하고 있음은 불문가지이다. 그리하여 포스트휴머니즘이 운위되는 시대에 문학을 취사선택하는 일은 그대로 문화생태계의 종 다양성을 위배하는 일이면서 동시에 문학을 구태 기제로 하양(退壤)시키는 일이 될 것이다. 물론 그러함에도 필자 역시 말석이나마 자리한 연유로 언뜻 스치며 돋는 동료 문인들에 대한 미안함과 염치없음은 후일 갚아야할 빚으로 약속하며, 다만 혜량을 바랄뿐이다.

··· 우리가 강으로 흐르고
강이 우리에게로 흐르던 그 비밀한 자리에
반짝반짝 부서지던 햇살의 조각들이여,
삶은 강변 미루나무 잎새들의 파닥거림과
저 모래톱에서 씹던 단물 빠진 수수깡 사이의
이제 더는 안 들리는 물새의 노래와도 같더라.

흐르는 강물, 큰물이라도 좀 졌으면
가슴 꽉 막힌 그 무엇을 시원하게
쓸어버리며 흐를 강물이 시방 가르치는 건
소소소 갈댓잎 우는 소리 가득한 세월이거니
언뜻 스치는 바람 한 자락에도
심금 다잡을 수 없는 다잡을 수 없는 떨림이여!
— 고재종 시 「앞강도 야위는 이 그리움」, 부분.

 영산강 상류인 담양에 거주하는 고재종 시인의 시는 강을 장소가 아니라 마음의 맥박으로 불러낸다. 강에 비치는 햇빛과 바람, 나무와 물새, 스스로 빛을 내며 사라지는 것들의 잔향으로 한데 엮어 오늘의 우리를 부른다. 그 호명 속에서 시는 개인의 사연을 넘어 우리들 모두의 기억으로 번져온다. 그것은 우리들의 청각을 통로로 한다. "소소소 갈댓잎 우는 소리"에 귀를 기울이면 바람 한 자락에도 "심금 다잡을 수 없는 떨림"이 된다.
 우리가 강으로 흐르고 강이 우리에게로 흐르던 "그 비밀한 자리"를 되찾는 그 자리에서 물은 다시 흐르고 흘러 서로를 합하여 섞인다. 삶의 상처가 기억이 되고, 쌓인 기억이 언어의 지층을 형성하여 "큰물이라도 좀 졌으면"하는 바람이 된다. 이 바람은 재난의 소원이 아니라 공동의 숨을 회복하려는 시인의 청원이다. 서로 숨을 보태며 야위어간 강과 우리의 그리움이 서로를 적시며 도도히 흘러가기를, 그렇게 조심스러운 소망이 된다.

금천 대보와 노안 대보 사이

거대한 입을 벌려 배고픈 사자처럼 달려든 영산강

윗동네에서 내려온 집을 통째로 삼키고

겁먹은 개 돼지 닭 오리

소리도 지르지 못하고 쏜살같이

뱀도 개미집도 떠내려가는데

대보에 서서 멀뚱히 바라보아야만 하는 사람들

또 이렇게 우리는 속수무책인가

그 순간에도,

인간의 소유물인 줄 알았던 물이 힘을 합쳐

큰 바위 얼굴보다 더

근엄한 얼굴 펼쳐 보이는 영산강

– 이지담 시 「홍수」, 전문.

  이지담 시인의 시 「홍수」는 영산강 유역의 재난을 풍경이 아니라 사건의 시간으로 다시 쓴다. 일상적인 흐름이 격류로 경계가 문턱에서 단절로 바뀌는 순간, "또 이렇게 우리는 속수무책인가"라는 물음이 모두의 목소리로 솟는다. 강은 배경이 아니라 주체이며, 물은 "인간의 소유물인 줄 알았던" 대상이 아니라, 언제든 권능을 드러낼 수 있는 타자라는 것이다.
  내 안에 있는 타자는 언제나 나한테 먼저 질문을 던진다. "큰 바위 얼굴보다 더/ 근엄한 얼굴"로 우리를 응시하며 먼저 애도의 형식과 연대의 윤리를 요구한다. 떠내려간 생명들의 목록이 퇴적되어 남기는 침묵을 듣는 일, 자연 앞에서의 겸손을 공동의 생활규범으로 바꾸는 일, 그리하여 유역을 가르는 선들이 누구의 집과 일터를 먼저 지우는지를 질문한다.

　이처럼 물이 합류하면서 격류의 눈빛을 일으키는 영산강 중류인 나주 인근의 문학은 순전히 몸으로 맞아들여 몸으로 응대하는 몸의 빛깔과 문학으로 읽힌다. 이는 물론 조선시대의 영산창이면서 일제강점기를 통해 서남권의 수탈기지 역할을 했던 나주라는 중심지에서 일어났던 거센 물보라가 일으키는 콘트라스트라고 하겠다.

　　포구가 막히고부터
　　누님은 입술과 살을 팔았을까
　　천한 몸의 아픔, 그 부끄럽지 않은 죄가
　　그리운 고향, 꿈의 하행선을 막았을까
　　누님은 오지 않았다
　　잔칫날도 큰 집의 제삿날도
　　누님 이야기를 꺼내는 사람은 없었다.
　　… (중략) …
　　갈꽃이 쓰러진 얼굴로
　　영산강을 걷다가 누님은
　　어둠에 그냥 강물이 되었지,
　　강물이 되어 호남선을 흐르며

파도처럼 산불처럼
흐느끼며 울었지.
– 나해철 시 「영산포 1」, 부분.

나해철 시인의 「영산포 1」은 강변의 가난과 견딤을 소리, 냄새, 빛의 감각으로 되살려서 영산강을 배경이 아니라 삶의 주인으로 바로 세우는 시로 읽힌다. 강변에서 치환된 언어는 개개인 일상의 사소한 상처로부터 시작하여 공동의 기억으로 번져간다. "개나리꽃처럼 여윈" 몸, "청무우"의 맛, 강둑의 "잡풀"까지, 개인 몸의 감각을 통해 걸러서 올린 사소한 기억들이 우리의 어두운 결을 증언하면서 동시에 정서의 리듬을 형성하여 흐른다.

"황시리젓배", "선창", "호남선을 오르며 울었다" 등으로 서로 교차하며 영산강과 호남선 철길이 엇갈리는 시간의 역사를 드러낸다. 막힌 포구와 거침없이 달리는 기차가 서로 혼용하면서 생긴 사람들의 슬픈 속내가 침묵과 속울음의 빛깔로 훤히 드러난다.

저녁이면 저 혼자 깊은 울음을 우는
삼백리 저문 강물 소리에 귀 기울여 보고
홍어 거리 어느 주막에 들어가
곰삭힌 홍어삼합 얼큰한 애탕에 탁배기 몇 잔
오래된 옛친구 불러내어

꿈을 꾸던 서른 살 청춘의 시절로 돌아가 보자
돌아가 밤이 깊어지면 별빛 아래
침묵으로 빛나는 늙은 등대도 보듬어 보자

아랫뜸샘 수수밭에 여우비가 내리고
나주평야 너른 벌판에 소슬바람이 부는 날
차창에 정갈한 오얏꽃 같은 마음 하나 새기고
영산강에 가자
흐린 날이면 은어잡이 투망을 치던
밀짚모자에 잠뱅이를 걷어 올린 아버지도 보고
– 나종영 시 「영산강」, 부분.

그리하여 나종영 시인의 「영산강」은 기억의 물결 속에서 일렁이는 그리움이자 공동의 생활사로 우리를 안내한다. "햇볕 쟁쟁한 날 강가에 홑청을 빨아 널던 젊은 어머니", "저문 강물의 깊은 울음", "홍어삼합과 얼큰한 애탕"의 뜨거운 숨, "탁배기 몇 잔에 오래된 옛친구 불러내어 꿈을 꾸던 서른 살 청춘"의 그림자는 아련하고 깊다.

강은 이렇게 기억과 소리, 냄새와 맛, 시간과 마음이 담긴 이야기를 한데 합수시켜 우리를 과거로부터 오늘로 건져내어 내일로 이끈다. 때때로 영산포 강변의 새로 단장한 옛 등대 아래에서 조용히 묻는다. "어디에서 왔고 어디로 흘러가는 것인가?" 그렇게 강물의 맥박에 귀를 대면 아직도 푸르른 내일의 얼굴이 손에 잡히듯 다가온다. 그래서 영산강을 젖줄이라고 하나 보다. 가장 약한 곳에서 돋는 새싹이 내일을 부른다. 느린 기차를 타고 영산강변을 지나 한반도 지형을 이루는 예전의 남해만(南海灣)이었던 몽탄과 용진명소(龍津溟所)였던 일로로 접어든다.

굽이치며 밀려드는 바닷물과 흔적 없이 빠져나가는 민물이 하루면 두 번씩 교차하던 큰강이자 바다였던 영산강의 중하류는 그대로 흑산도 옆의 영산도에서 나주까지 이어지는 뱃길이자 홍어길이었다. 썩었으나 썩지 않고 썩지 않았으나 썩어 있는, 갯것이면서 뭍것인 홍어가 그렇듯이 사라졌으나 스러지지 않고 남아서 숨어 맛있게 숨 쉬는 그 겹침의 자리로 시인들은 스며들어 간다.

  나이 들어서는 팩 삭은 놈으로
  입천장 데이고 눈물이 찔끔거려도
  미뢰를 달래며 야금야금 씹어야만
  오만가지 식감이 살아나서 거시기도 불끈거린당게

  늙어서는 입맛이 떨어져도
  잇몸이 부실허고 속이 울컥거려도
  기름장에 살콤히 찍어 잡숴야만이
  허기가 잽히고 신수도 훤해진당게

어떻든 야가 있어야만

겨드랑이 날개 달리고 말발이 먹힌당게

뭐니 해도 야를 묵어야만

뭔가 묵었다고 말헌당게

살아온 지층이 '화' 하게 살아난당게

- 최기종 시 「홍어 1」, 부분.

영산강이 바다와 만나 빚어낸 음식인 홍어는 온 동네의 입맛과 생기, 그리고 서로 나누는 말과 온기를 한자리에 모으는 잔칫상의 중심이었다. 최기종 시인의 「홍어 1」은 홍어를 통해 지역의 삶과 기억은 물론 여기에 적층 되어있는 시간의 층위를 섬세하게 그려낸다. 시는 '잔칫집에 야가 빠지면 볼멘소리 나온당게'라는 구절로 시작해, 홍어가 단순한 음식이 아니라 개인의 일상이면서 동시에 공동체에서 이루어지는 축제의 중심임을 드러낸다.

'야'라는 말은 홍어를 뜻하는 전라도 서부권의 지역어로, 세대를 거쳐 변화하는 입맛과 몸의 상태를 반영함은 물론 삶의 굴곡과 화해의 상징으로 자리한다. "어떻든 야가 있어야만/ 겨드랑이 날개 달리고 말발이 먹힌당게…/ 살아온 지층이 '화' 하게 살아난당게"라는 말은 그대로 말과 맛, 기억과 시간이 서로를 불러 세우며, 영산강 하류의 퇴적층이 한입의 짠내로 단숨에 환해지는 장면이라고 하겠다.

남도의 아랫도리께 이른 강물이 제 허리춤을 애써 비틀어
선명한 새벽안개로 피어오르고 있음을

귓등을 적셔오는 전설에 마음을 맡기다보면 그런 것일까, 누군가
배신을 하고 꿈속으로 제 한 몸을 숨겼던 것일까

그 대가로 몸을 가른 눈물이 하몽탄이 되고 상몽탄이 되어 오늘도
강을 사이에 두고 끊어진 나루 뱃길을 그리워하고 있는지

모를 일이다 파군다리 건너 흩어진 병사들의 노래는 어느덧
천년의 여울을 건너 돌아오지 않는 햇살로 출렁이건만
 – 박관서 「몽탄에서」, 부분.

  필자의 졸시 「몽탄에서」는 영산강 중류 몽탄의 파군교 등에서 펼쳐진 역사와 전설이 어우러진 이야기를 현실과 초월이 교차하는 신화적 풍경으로 짚어보았다. 사실 신라말 고려초의 한반도 역사를 재정립하는 계기가 되었던 왕건과 견훤의 영산강해전에는 "누군가/ 배신을 하고 꿈속으로 제 한 몸을 숨겼던 것일까"라는 물음이 배어나오는 것처럼 그렇게 배신과 분열의 상처가 몽탄(夢灘)이라는 지명으로 아롱져 있다. 나주 동강의 하몽탄과 무안 몽탄의 상몽탄으로 갈라진 공간이 되어 "끊어진 나루 뱃길을 그리워"하는 현재의 단절감으로 이어지며 "파군다리 건너 흩어진 병사들

의 노래"는 "천년의 여울을 건너 돌아오지 않는 햇살"로 비치면서 영산강 유역에 퇴적된 집단기억을 환히 비춘다.

어쩌면 이처럼 지명에 숨겨진 의미를 찾아내어 시간과 상처를 거슬러 올라가 강, 땅, 사람, 역사 등으로 채적된 원형의 이야기로 재구성하는 일은 중요한 일이다. 흔히 말하는 부분으로서의 한계를 지닌 지역을 넘어 세계와 자연과 함께하는 로컬공동체로서의 기억과 정체성을 성찰하고 함께 나누는 일이기 때문이다. 이는 또한 과거의 상처와 오늘의 삶을 돌아보며 새로운 내일의 설계를 그리는 변혁의 결절점으로 기능하기도 할 것이다.

이 한꺼번에 태어난 녀석들을 훗날 아비의 업을 이어 풍랑과 싸우다 다시 한꺼번에 바다에 묻힙니다 태어나서 죽을 때까지 함께인 셈이지요 하여, 지금도 이 언덕배기 달동네에는 생일도 함께 쇠고 제사도 함께 지내는 집이 많습니다 그런데 조금새끼 조금새끼 하고 발음하면 웃음이 나오다가도 금세 눈물이 나는 건 왜일까요? 도대체 이 꾀죄죄하고 소금기 묻은 말이 자꾸만 서럽도록 아름다워지는 건 왜일까요? 아무래도 그건 예나 지금이나 이 한마디 속에 온금동 사람들의 삶과 운명이 죄다 들어 있기 때문 아니겠는지요

- 김선태 시 「조금새끼」, 부분.

담양의 용소에서 발원한 물은 드디어 목포의 입구인 영산강 하구언을

빠져나가면서 바다와 만난다. 그 강의 끝이자 바다의 시작인 목포에 째보선창이라고 부르는 천연항구가 아주 오래전부터 있었고, 그 뒤로는 비탈진 언덕에 따스한 햇볕이 드는 온금동이 있었고, 순전히 바닷사람들만 사는 그 언덕배기 마을에서 새어나온 이야기가 불립문자의 역사로 기억되어 전해오고 있었다. 이를 받아 적어서 쓴 시가 김선태 시인의 「조금새끼」이다. 거의 아무런 시적 수사나 기교가 없어서 더욱 "웃음이 나오다가도 금세 눈물이 나는" 그런 노래가 되어서 가슴을 저릿하게 한다.

그렇듯이 "조금새끼"라는 말은 목포 온금동의 하구가 만든 삶의 내력이다. "바닷물이 조금밖에 나지 않아 선원들이 출어를 포기하고 쉬는 때"에 찾아온 사랑과 잉태를 통해 태어난 생명이면서 동시에 같은 삶의 리듬을 지닌 마을공동체의 일원이 된다. 그렇게 태어난 마을의 아이들은 서로를 "조금새끼"라고 다정히 부르며 "생일도 함께 쇠고 제사도 함께" 지내며 물때의 호흡으로 자라고 늙는다. 바다의 들고남이 곧 사람의 들고남이 되는 자리에서 우러나는 이 꾀죄죄하고 소금기 묻은 말맛이 "자꾸만 서럽도록 아름다워지는" 까닭은 무엇인가?

영산강이 바다와 맞닿는 하구에서 물살과 조류가 뒤엉키듯이 삶의 고단한 노동과 탄생과 죽음과 웃음과 눈물과 상처와 애련이 한꺼번에 합수되어 있기 때문이다. 그런 지점에서 이 시는 영산강 하구의 물때라는 박동의 흐름을 매개로, 인간의 노동과 사랑은 물론 빈곤과 상실의 기억 등이 서로 혼융되어 숨을 쉬는 '영산강 물길이 만든 생활권'의 진실을 온전히 드러내고 있다. 강과 바다가 서로의 호흡을 바꾸는 경계에서 시의 언어는 짠맛이 배인 체온으로 사람들의 운명을 품는다.

물론 이처럼 공동체의 기억과 정체성을 온전히 품고 흐르는 영산강은 본류나 상, 하류만이 아니라 골짜기의 조막만 한 샘으로부터 둠벙과 개울과 샛강은 물론 멀리 다도해의 바다로까지 이르고 있음을 알 수 있다. 또한, 어찌 보면 이렇게 속 뒤집히는 "조금새끼, 조금 물때에 밴 새끼"까지 보듬어 안는 것이 문학의 한 위의(威儀)이자 소명(召命)임도 알 수 있다.

영산강의 강물은 늘 흐르지만, 어제의 강물이 오늘의 강물인 것은 아니다. 우리 역시 그 강물의 흐름을 따라서 함께하는 삶들을 서로 바라보며 견디며 흘러간다. 그 안에서 배태되는 우리들의 시는 흐르면서 잊히는 우리를 잊지 않으려는 우리들의 마음이자 언어이다. 그런 지점에서 영산강을 우리들 삶의 단순한 배경이 아니라 돌보아야 할 공동의 자산이자 주인이라고 조심스레 짚어본다. 오늘 이 졸박한 사화집 역시 또 하나의 물살이 되어 영산강으로 합수되기를 소망한다.

영산강 시인들

초판 1쇄 발행 2025년 11월 17일

지은이　고재종 · 김선태 · 나종영 · 나해철 · 박관서 · 이지담 · 최기종
펴낸이　주식회사 엠엔넷(이재욱)
펴낸곳　엠엔북스
표지디자인　스토니 강
본문디자인　최남식

ⓒ 고재종 · 김선태 · 나종영 · 나해철 · 박관서 · 이지담 · 최기종, 2025

등록일　2024년 00월 00일
등록번호　종로구 2024-000068호
주소　서울 종로구 새문안로 3길 12(신문로빌딩) B26-2
전화　02-3144-2525
이메일　home@munhaknews.com
팩스　02-2237-3389

ISBN 979-11-987983-2-9 (03810)